재미있게 함께 노는 초등과학 원리

사다리과학

사다리과학(화학·생물 심화편)

펴 냄 2010년 2월 15일 1판 1쇄 박음 / 2010년 2월 20일 1판 1쇄 펴냄
지은이 과학주머니
펴낸이 김철종
펴낸곳 (주)한언
         등록번호 제1-128호 / 등록일자 1983. 9. 30
주 소 서울시 마포구 신수동 63-14 구 프라자 6층(우 121-854)
         전화. 02)701-6616(대) / 팩스. 02)701-4449
책임편집 박선미
디자인 정현영, 양미정, 백은미, 김영민
홈페이지 www.haneon.com
이메일 haneon@haneon.com
         · 이 책의 무단전재 및 복제를 금합니다.
         · 잘못 만들어진 책은 구입하신 서점에서 바꾸어 드립니다.

ISBN 978-89-5596-561-2   63400
      978-89-5596-557-5   63400(세트)

재미있게 함께 노는 초등과학 원리

과학주머니 지음

서문

엄마, 아빠께 가만히 물어보세요. 어렸을 때 할머니가 들려주는 이야기를 들어 본 적이 있냐고. 할머니는 마음속 깊이 가지고 있던 이야기 주머니에서 소중하고 재미있는 이야기를 조금씩, 조금씩 꺼내서 엄마, 아빠의 마음속에 있는 이야기 주머니에 넣어 주셨어요. 그 이야기 주머니는 엄마, 아빠뿐 아니라 우리의 마음속에도 있답니다. 이러한 이야기 주머니는 우리가 어떤 책을 읽고, 어떤 공부를 하고, 어떤 생각을 하느냐에 따라 여러 개로 나눠지기도 하고, 커지기도 하는 마법의 주머니예요.

처음 선생님이 됐을 때, 많은 고민을 했었어요. 들려주고 싶은 이야기도 많고, 가르쳐 주고 싶었던 것도 많았지만 내가 가지고 있는 주머니에서 무엇을 꺼내 주어야 할지 막막했거든요.

하지만 '과학주머니'에서 재미있는 이야기와 신기한 실험을 꺼내서 알려 줄 때마다 '우와~' 하는 아이들의 한마디에 신이 났고, 자신감을 얻었죠. 더 많이 가르쳐 주기 위해 내 과학주머니를 키웠고, 가르치는 아이들의 과학주머니를 키워 주기 위해서 노력했어요.

우리들은 누구나 마음속에 주머니가 있다고 했죠? 주머니에 어떤 내용을 넣어 주느냐에 따라 여러 개의 주머니를 가질 수도 있고, 남들보다 더 큰 주머니를 가질 수

도 있답니다. 비록 눈에 보이지는 않지만 우리가 가진 주머니는 어려운 문제를 해결하는 데 도움을 주는 현명한 거울과 빛이 될 거예요.

  이 책은 선생님들이 오랜 시간 키워 온 과학주머니에 담긴 이야기를 나눠 주기 위해서 탄생했어요. 엄마, 아빠가 할머니의 이야기를 통해서 세상 보는 눈을 키우고 살아가는 데 필요한 지식과 교훈을 얻었다면, 우리는 이 책에서 들려주는 이야기를 통해 세상 보는 눈과 우리가 가진 과학주머니를 키우게 될 거예요. 비록 호랑이나 마법사가 등장하는 이야기는 아니지만, 살아가는 데 꼭 필요한 과학 이야기를 하려고 해요.

  우리 주변을 둘러보면 대부분이 과학과 관련돼 있답니다. 우리 주변에서 쉽게 볼 수 있는 과학 이야기를 재미있게 들려주려고 노력했어요. 이 책을 천천히 다 읽고 나면 마음속의 과학주머니가 두둑해지고 불룩해지는 것을 경험할 수 있답니다.

  과학주머니가 두둑해지면 그 주머니에 들어 있는 이야기를 친구나 동생들에게 한 번 들려 주세요. 이야기를 다른 사람에게 나누어 준다는 것이 얼마나 기쁘고 뿌듯한지도 느낄 수 있답니다. 그리고 왜 선생님들이 과학주머니를 키웠는지도 알 수 있을 거예요.

이 책을 펼치는 순간부터 가지고 있는 주머니에 '과학'이라는 이름표를 달아 주세요. 그리고 그 주머니를 크게 키워 주세요. 입에서 '우와~'라는 말이 나올 때, 머릿속에서 '아하!'라는 말이 떠오를 때, 과학이 즐겁고 신날 때, 학교에서 배우는 과학에 자신감이 생길 때, 그 순간을 이 책과 함께 하기를 바랄게요.

―꺼내고 또 꺼내도 줄어들지 않는 마법의 과학주머니

Contents

서문 004 | 일러두기 010

01 운명의 날 저장고

씨앗의 속 들여다보기 013 | 꽃의 생김새 들여다보기 014 | 꽃의 유혹에 빠져 봐! 016 | 진짜 열매, 가짜 열매! 018 | 씨앗 멀리 보내기 020 | 실험해 볼까요! 씨앗에 날개 달아 주기 022

02 하늘 공원의 어제와 오늘

흙의 건강을 지키는 파수꾼 027 | 위대한 청소부, 곰팡이 030
신이 준 선물 033 | 척박한 땅의 개척자 034
실험해 볼까요! 지렁이가 좋아하는 빛은? 037

03 숨바꼭질 할래!

나 찾아 봐라~ 041 | 감정까지 나타내는 보호색 043
흉내내기와 겁주기 046 | 실험해 볼까요! 어떤 색 초콜릿이 많이 남을까? 049

04 베르사유 궁전에는 화장실이 없다!

입 속으로 들어간 음식은 어디로 갈까? 053
우리 몸속의 화물차와 고속도로 057
혈관은 동맥, 정맥, 모세혈관으로 이루어져 있다! 059
누구나 하는 운동, 숨쉬기 061 | 말랑말랑한 뇌 063
실험해 볼까요! 맥박을 눈으로 보자 067

Contents

05 햄버거를 먹으면 숲이 사라진다?
생태계 속, 먹고 먹히는 관계! 071 | 햄버거와 생태계의 관계? 074
몸속에서 절대 빠져나가지 않는 독! 077 | 실험해 볼까요! 산성비와 식물 081

06 정체를 밝혀라!
물속에서 호흡하며 사는 물고기 085 | 양서류와 파충류의 차이는? 088
하늘을 누비는 새 091 | 젖먹이 동물, 포유류 094 | 생물을 분류하는 방법 095 | 실험해 볼까요! 동물 분류 모빌 만들기 098

07 죽음의 호수에서는 어떤 일이?
쇠가 나무보다 무겁다? 103 | 농도가 클수록 커지는 밀도 105
배에 표시되어 있는 만재 흘수선 107 | 물은 표면부터 언다! 109 | 얼음은 물과 식용유 사이 112 | 밀도에 따라 뜨고 가라앉는 기체 113 | 밀도에 차이를 이용한 생활 엿보기 115 | 실험해 볼까요! 빨대 색동 물탑 쌓기 118

08 지하수가 빚은 조각품
시멘트와 석회암의 관계는? 123 | 바닷물에서 물을 빼면 125
바닷물이 날아가면 소금이 남고! 129 | 석회 동굴 내부의 조각품 130
제주도에 많은 용암 동굴 132 | 실험해 볼까요! 화학 비료 결정꽃 피우기 134

09 트레비 광장의 분수

어떤 비가 산성비일까? 139 | 산성비의 주범 140 | 산성비 습격! 141
산성비 피해 줄이기 143 | 생활 속에서 발견할 수 있는 지혜! 145
실험해 볼까요! 식초와 비눗물 섞기 149

10 이온 음료의 진실

레몬은 왜 신맛이 날까? 153 | 개미와 쐐기풀이 갖고 있는 무기! 156
비누는 왜 미끌미끌할까? 157 | 조상들은 빨래를 할 때 오줌을 사용했다는데!
159 | 수국으로 산성과 염기성 구분하기 161 | 알칼리성 식품과 산성 식품
163 | 실험해 볼까요! 알록달록 색이 변하는 신기한 물 165

11 세상에서 가장 향기가 진한 꽃

공기의 무게는? 169 | 산소가 필요해! 171 | 이산화탄소를 찾아서! 174
수소의 양면성 176 | 과자 봉지가 빵빵하게 부풀어 있는 이유! 179
냄새의 정체 180 | 실험해 볼까요! 산소 만들기! 182

12 숭례문의 수난

인류에게 준 선물, 불! 185 | 불을 붙이기 위해서는 186
어둠을 밝혀주는 양초 188 | 연소하면 무엇이 생길까? 189
성냥의 발명! 191 | 연소의 조건과 소화의 조건 193
실험해 볼까요! 간이소화기를 만들자! 196

일러두기

장표지
장 처음에 나오는 제목과 사진을 보고 어떤 내용이 나올지 짐작해 보자. 미리 짐작해 보는 것만으로도 공부가 되거든!

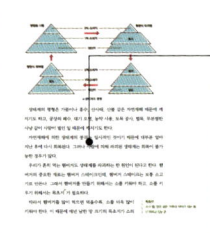

본문
딱딱한 과학 원리가 쉽고 재미있게 담겨 있단다. 이제 어려운 과학 원리가 나와도 자신 있게 설명할 수 있겠지?

맛보기 퀴즈
공부하기 전에 맛보기 퀴즈의 답을 생각하다 보면, 호기심도 퐁퐁 샘솟고 즐겁게 공부할 수 있을 거야.

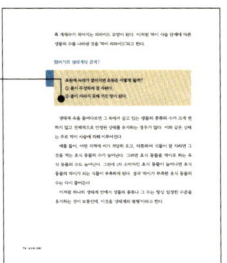

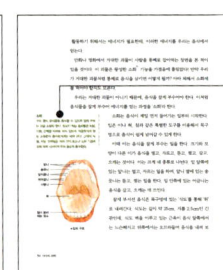

미니 사전
가끔 잘 모르는 단어가 나온다고? 하지만 알고 나면 별것 아니지! 언젠가는 알아야 할 단어들이니, 이참에 미니 사전 살짝 들추어 보자!

그림
과학 원리를 더욱 재미있고 쉽게 이해할 수 있도록 그림을 담았단다.

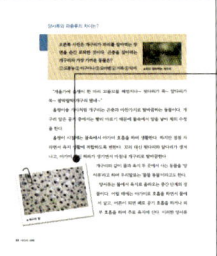

사진
생생한 과학 사진을 직접 눈으로 보면, 과학이 우리 곁에 성큼 다가와 있다는 걸 느낄 수 있을 거야!

실험해 볼까요?
각 장이 끝날 때마다 실험을 해 보자. 이 실험은 집에서도 손쉽게 할 수 있단다. 흥미로운 실험을 하다 보면 과학 원리가 머릿속에 쏙쏙 들어올 거야!

사진 제공 및 출처
이 책에 나온 사진들은 어디에서 찍은 것인지 알고 싶다면 〈사진 제공 및 출처〉를 살펴봐.

CHAPTER 01
-P.011 PHOTOGRAPH

SADARI SCIENCE
CHAPTER 01 PHOTOGRAPH

Chapter 01
운명의 날
저장고

운명의 날 저장고

▲ 스발바르 국제 종자 저장소

운명의 날 저장고는 지구에 닥칠 재난에 대비해 주요 식물의 씨앗을 저장하고 있는 곳이다. 북극에서 약 997km 떨어진 노르웨이의 스발바르 섬에 있다.

노르웨이는 2007년 4월부터 약 86억 원을 들여 이 건물을 지었다고 한다. 핵전쟁이나 소행성 출동, 태풍, 홍수 같은 아주 심한 날씨 변화에도 견딜 수 있도록 설계됐으며, 해발 130m 높이에 길이 120m의 긴 터널을 뚫어 콘크리트로 튼튼하게 건설했다.

이곳은 영하 17.5℃를 유지하는 냉방 장치를 갖추고 있는데, 전력 공급이 끊기거나 최악의 기후 변화가 발생해도 저온을 유지할 수 있다. 또한 이 저장고는 450만 종의 식물 씨앗을 약 1,000년 이상 저장할 수 있다고 한다.

운명의 날 저장고는 2008년 2월 26일 개막했는데, 이곳의 정식 이름은 스발바르 국제 종자 저장소다. 이곳의 운영 원칙은 간단하다. 종자 저장을 원하는 국가나 단체가 종자 저장을 의뢰하면 별도의 비용을 내지 않고도 저장해 준다. 또한 필요할 경우에는 언제든지 씨앗을 다시 가져갈 수 있다.

그런데 정말 1,000년이 지난 씨앗을 심으면 다시 싹이 틀까?

씨앗의 속 들여다보기

씨앗은 '잠자는 숲 속의 공주'와도 같다. 공주에게 키스를 해 주면 공주가 깨어나듯이, 씨앗도 누군가가 깨우기 전까지는 계속 잠을 잔다.

그렇다면 1,000년 동안이나 잠을 잔 씨앗을 깨워 싹을 트게 하려면 어떻게 해야 할까? 씨앗의 속 모습을 보며 그 비밀을 알아보자.

우리나라 사람들은 '밥'을 먹고 산다. 밥의 재료는 쌀! 쌀은 볍씨를 싸고 있던 딱딱한 씨껍질(왕겨)을 벗겨 낸 것이다. 볍씨를 잘라 보면

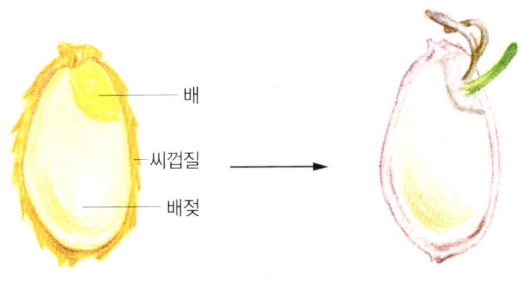

▲볍씨의 구조와 싹이 튼 모습

위 그림처럼 씨앗을 보호하는 씨껍질과 싹이 트면 어린 식물체로 자랄 배, 그리고 배가 자랄 때 필요한 양분을 저장하는 배젖을 볼 수 있다.

모든 씨앗의 속 모양이 볍씨와 똑같은 것은 아니다. 완두콩이나 강낭콩 등은 볍씨와 달리 배젖이 없다. 배젖이 없는 씨앗은 떡잎에 양분을 저장한다.

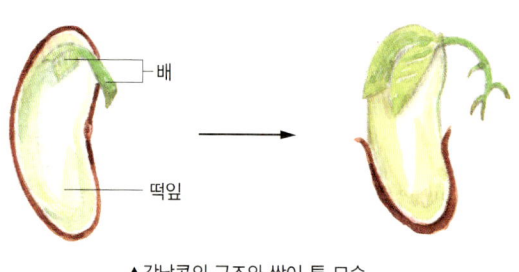

▲강낭콩의 구조와 싹이 튼 모습

씨앗의 속 모습이 어떻게 생겼는지 알았다면, 이제 씨앗을 깨워서 싹을 틔워 보자. 그러기 위해서는 적당한 수분, 온도, 산소가 필요하다. 이 조건이 충족되면 1,000년 동안 잠을 잔 씨앗도 싹을 틔워 새로운 식물체로 자랄 수 있다.

이처럼 씨앗이 기나긴 잠을 자고 나서도 멀쩡히 싹을 틔울 수 있는 것은 씨껍질 덕분이다. 씨껍질은 건조에 잘 견딜 수 있도록 도와준다.

잠자는 목련 공주 깨어나다!

1982년 일본에서 약 2,000년 전의 것으로 추정되는 고대 거주지가 발굴되었다. 그곳에서 검게 그을린 볍씨 몇 개가 나왔는데, 그중 1개가 다른 낟알의 모양과 달랐다. 이 낟알을 심어 물을 주었더니 신기하게도 목련이 피었다. 2,000년 동안 잠들었던 목련이 비로소 깨어난 것이다.

▲목련

꽃의 생김새 들여다보기

맛보기퀴즈

꽃의 어느 부분이 씨앗으로 변할까?
① 꽃잎 ② 꽃받침 ③ 수술 ④ 밑씨

1,000년, 2,000년이 지나도 싹을 틔울 수 있는 씨앗! 이처럼 놀라운 씨앗은 어떻게 만들어질까?

씨앗은 꽃이 지고 난 자리에 생긴다. 결국 꽃이 씨앗을 만든다고 할 수 있다. 그러면 꽃의 어느 부분이 씨앗으로 변한 것일까? 꽃의 생김새를 보며 생각해 보자.

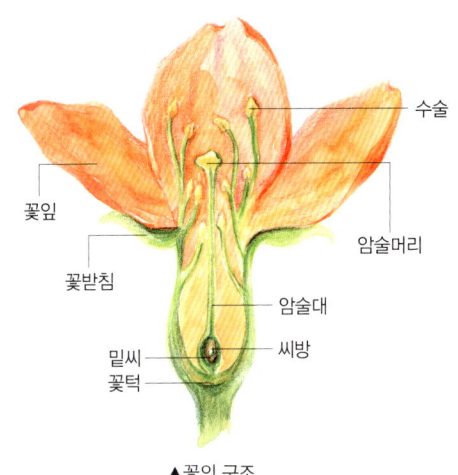

▲꽃의 구조

꽃은 모양도 다양하고 색깔도 다양하다. 그렇지만 아무리 화려한 색과 요란한 모양을 한 꽃이라 해도 암술, 수술, 꽃잎, 꽃받침은 빠짐없이 가지고 있어야 한다. 암술, 수술, 꽃잎, 꽃받침을 모두 갖고 있는 꽃을 '갖춘꽃'이라 하고 암술, 수술, 꽃잎, 꽃받침 중에 하나라도 없는 꽃을 '안갖춘꽃'이라 한다. 안갖춘꽃에는 단성화나 풍매화가 있다. 단성화, 풍매화에 대해서는 뒤에서 공부하자!

사실 씨앗을 만들 때 꼭 필요한 것은 암술과 수술이다. 수술 끝을 잘 보면 꼭 밥풀처럼 생겼다. 이 곳은 꽃가루를 만드는 곳으로 밥풀처럼 생겼다 해서 '꽃밥'이라 부른다.

암술은 암술머리와 암술대, 씨방으로 구분한다. 암술머리는 꽃가루가 달라붙는 곳이다. 꽃가루가 암술머리에 붙으면 꽃가루에서 긴 관이 자라난다. 이 관은 밑씨까지 자라는데 이 관이 밑씨에 닿으면 밑씨가 씨앗으로 변한다.

우리가 주변에서 흔히 보는 벚꽃이나 애기똥풀의 꽃을 보면 하나의 꽃 속에 암술과 수술이 모두 들어 있는 것을 볼 수 있다. 그런데 호박꽃은 다르다. 암술만 있거나 수술만 있다.

애기똥풀의 꽃처럼 하나의 꽃 속에 암술과 수술이 모두 들어 있는 꽃을 양성화라 하고 호박이나 수박의 꽃처럼 하나의 꽃 속에 암술만 있거나 수술만 있는 꽃을 단성화라 한다.

▲애기똥풀꽃

▲호박꽃

꽃의 유혹에 빠져 봐!

꽃잎이나 꽃받침은 암술과 수술을 보호하고, 벌과 나비를 유혹하는 일을 한다. 꽃의 유혹에 빠진 벌과 나비는 꽃이 주는 맛있는 꿀을 먹게 되고, 그동안 자기도 모르게 꽃가루를 몸에 묻히게 된다.

몸에 꽃가루가 묻은 벌과 나비는 또 다른 예쁜 꽃으로 날아가 꿀을 찾아 먹게 되는데, 이때 몸에 붙어 있던 꽃가루가 암술머리에 붙게 된다.

특히 장미나 민들레처럼 예쁜 꽃잎을 갖고 있고, 좋은 냄새를 풍기는 꽃은 벌이나 나비의 도움으로 꽃가루를 암술머리에 붙인다. 꽃가루가 암술머리에 붙는 것을 수분이라 하는데 장미나 민들레처럼 곤충의 도움으로 수분이 일어나는 꽃을 충매화라 한다.

▲장미

▲민들레

옥수수나 강아지풀의 꽃을 떠올려 보자. 아마도 선뜻 떠올리기 힘들 것이다. 옥수수나 강아지풀도 꽃이 피지만 꽃잎이 없기 때문에 꽃이 피었는지 모르고 그냥 지나쳐 버리기 쉽다. 꽃잎도 없고 꿀도 없는 옥수수 꽃은 어떻게 수분을 할까? 벌이나 나비 같은 곤충도 오지 않을 텐데 말이다.

옥수수나 강아지풀처럼 꽃잎도 없고 꿀도 만들지 않는 꽃은 곤충 대신에 바람을 이용한다. 바람의 도움으로 수분이 일어나는 꽃을 풍매화라 한다. 우리가 먹는 쌀이나 보리 같은 곡식도 바람의 도움으로 만들어진 풍매화다.

곤충이나 바람을 이용하는 방법 외에도 새를 이용하는 방법과 물을 이용

▲옥수수

▲강아지풀

▲보리

하는 방법도 있다. 새가 꽃가루를 옮겨 주는 꽃을 조매화라 하고 물이 꽃가루를 옮겨 주는 꽃을 수매화라 한다.

진짜 열매, 가짜 열매!

> **맛보기 퀴즈**
> 열매는 무엇이 변해서 된 것일까?
> ① 꽃잎 ② 꽃받침 ③ 씨방

밑씨와 꽃가루가 만나면 꽃잎과 꽃받침, 수술은 자기 할 일을 다 했기 때문에 시들어서 떨어진다. 그러면 암술만 남아 열심히 씨앗을 키운다. 이때 암술 가운데서도 씨방은 아주 바쁘다. 씨앗을 감쌀 주머니로 변신하기 때문이다.

우리가 맛있게 먹는 감은 씨방이 변해서 된 열매다. 이런 열매를 '참열매'라 한다. 그러면 가짜 열매도 있을까? 물론 있다! 사과나 배가 바로 가짜 열매 즉, '헛열매'다. 감과 사과는 무엇이 다를까?

감을 먹다 보면 씨앗이 씹혀 뱉어 내게 된다. 이것은 우리가 먹는 부분이 예전에 씨방이었기 때문이다. 씨방은 씨앗을 감싸는 주머니라서, 씨방 안에는 당연히 씨앗이 들어 있다. 그래서 우리가 감을 먹으면 씨앗이 씹힌다.

그런데 사과나 배를 먹을 때는 감처럼 씨앗이 잘 씹히지 않는다. 왜냐하면 우리가 먹는 부분은 씨방이 아니기 때문이다. 사과나 배의 씨방은 가운데 딱딱하게 들어앉아 씨를 보호하고 있다.

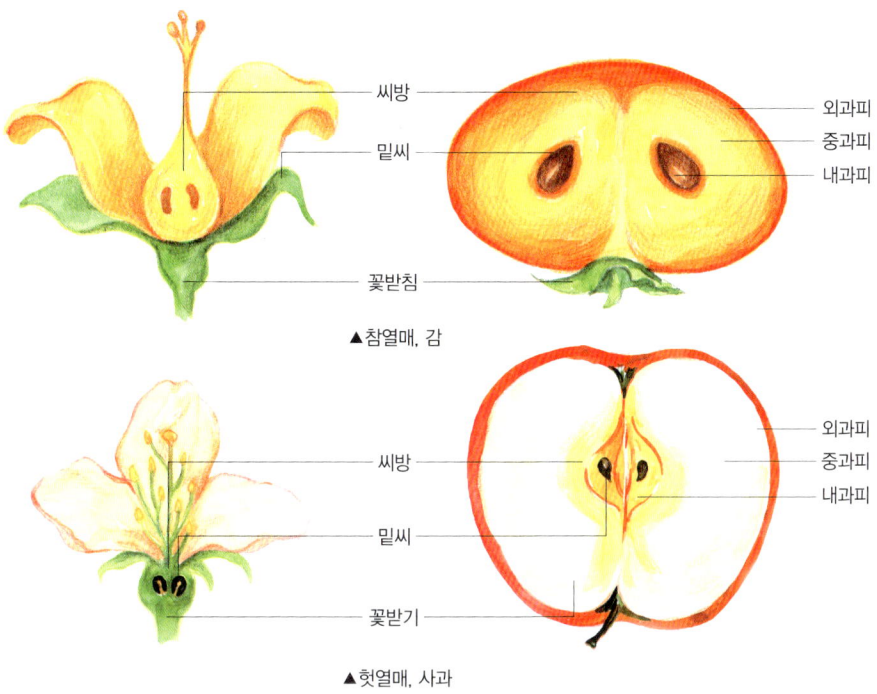

▲참열매, 감

▲헛열매, 사과

 그러면 우리가 먹는 부분은 무엇이 변한 것일까? 꽃받침, 꽃잎, 수술, 암술을 받치고 있던 꽃받기가 변한 것이다. 사과나 배처럼 씨방 이외의 부분이 변해서 된 열매를 헛열매라 한다.

 어떤 식물의 씨방은 과일처럼 부풀지 않고 딱딱한 껍질로 변하는 것도 있다. 진달래, 철쭉, 무궁화, 콩이 그런 예이다. 씨방이 딱딱한 껍질로 변한 열매를 꼬투리 또는 씨앗 주머니라 부른다.

▲진달래

운명의 날 저장고 19

씨앗 멀리 보내기

맛보기 퀴즈

새는 무슨 색을 좋아할까?
① 빨간 색 ② 노란 색 ③ 초록색 ④ 파란 색

씨앗은 어미 식물에서 되도록 멀리 떨어져야 한다. 어미의 그늘 아래에 있으면 햇빛을 잘 받지 못하고 양분도 충분히 받을 수 없기 때문이다. 그래서 어미 식물은 씨앗을 멀리 보내기 위해 여러 가지 방법을 찾아냈다.

먼저 씨앗에게 날개를 달아 주는 방법이다. 민들레의 하얀 솜털이나 단풍나무 씨앗의 날개가 좋은 예라고 할 수 있다. 하얀 솜털 같은 민들레를 '후~' 하고 불어 보자. 솜털을 단 민들레 씨앗은 봄바람을 타고 수 km까지 이동할 수 있다.

두 번째 방법은 멀리뛰기를 하는 것이다. 봉선화 열매나 콩깍지, 깨나 나팔꽃의 꼬투리가 이 방법을 쓴다.

봉선화의 꽃말은 '나를 건드리지 마세요.'다. 잘 익은 봉선화 열매는 손대면 툭 하고 터지기 때문에 생긴 말인 듯하다. 하지만 사실 봉선화는 씨앗 주머니가 터져야만 씨앗을 퍼뜨리고 자손을 볼 수 있다. 콩이나 깨, 나팔꽃의 씨앗도 씨앗 주머니가 터지는 힘에 의해 멀리 이동할 수 있다.

세 번째 방법은 맛있는 열매를 만들어 짐승의 먹이가 되는 것이다. 짐승의 배 속으로 들어간 씨

▲민들레 씨앗

앗은 소화되지 않고 그대로 배출되어 땅으로 떨어진다. 짐승이 열매를 먹고 씨앗을 배출하는 동안 씨앗은 짐승의 도움으로 멀리 이동을 하게 된다. 열매 가운데 빨간색이 유난히 많은데, 그 이유는 새가 빨간색 열매를 좋아하기 때문이다.

▲ 봉선화

네 번째 방법은 남의 몸에 슬쩍 씨앗을 묻혀 보내는 것이다. 가을 산길을 걷다 보면 겉옷에 붙은 여러 가지 씨앗을 떼어내느라 애를 먹은 적이 있을 것이다. 이들 씨앗은 날개를 달 힘도, 맛있는 열매를 만들 힘도, 스스로 멀리 뛸 힘도 없다. 그래서 다른 것에 슬쩍 묻어 멀리 여행을 한다. 도둑놈의 갈고리, 짚신나물, 뱀무, 도꼬마리 등이 이 방법을 쓴다.

씨앗에서 얻은 발명품

스위스에 조르도 도메스트랄이란 사람이 살았다. 어느 날 그는 부인과 외출을 해야 했는데, 부인 드레스의 지퍼가 고장이 나서 애를 먹었다. 그는 옷을 여미는 새로운 방법을 찾아야겠다고 결심했다.

1935년 어느 날, 사냥을 갔던 도메스트랄은 산우엉이 우거진 숲을 지나가게 되었다. 그때 그의 옷 여기저기에 산우엉 가시가 붙었는데 가시 때문에 잘 떨어지지 않았다. 산우엉 가시를 확대경으로 살펴본 그는 산우엉 가시가 갈고리 모양을 하고 있다는 걸 알게 되었다. 도메스트랄은 여기에서 얻은 아이디어를 바탕으로 옷 여미는 방법을 발명하는 데 매달렸다. 사업가인 야콥 밀러의 도움으로 도메스트랄은 한쪽에는 갈고리가 있고 다른 쪽에는 걸림 고리가 있는 테이프를 만들었는데 이것이 흔히 '찍찍이'라고 부르는 밸크로 테이프다. 밸크로 테이프는 각종 신발과 의류는 물론이고 무중력 상태의 우주선 내에 물건을 고정시키는 데도 이용되고 있다.

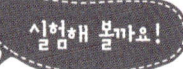 ## 씨앗에 날개 달아 주기

씨앗 모형을 만들어 보고 씨앗이 이동하는 방법을 알아보자.

준비물
우드락, 양면테이프, 절연 테이프, 클립, 고무 밴드, 두꺼운 도화지

탐구 순서

 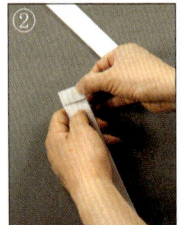
 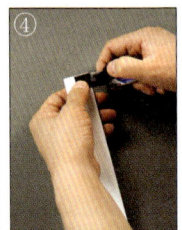

① 길이 20cm, 폭 3cm로 자른 우드락을 2개 준비한다.
② 길이 2cm, 폭 3cm 크기로 자른 두꺼운 도화지를 2개 준비한다.
③ 길이 2cm, 폭 3cm인 도화지 2개의 양쪽 면에 양면테이프를 붙인다.
④ 길이 2cm, 폭 3cm 크기의 두꺼운 도화지를 한쪽 우드락에 붙인다. 나머지 길이 2cm, 폭 3cm 두꺼운 도화지를 남은 우드락을 맞은편에 붙인다.
⑤ 두꺼운 도화지를 붙인 부분을 절연 테이프로 몇 바퀴 돌려서 감는다.
⑥ 볼펜이나 연필 같은 둥근 막대를 써서 절연 테이프로 감지 않은 부분의 우드락을 바깥쪽으로 동그랗게 말아 올린다.

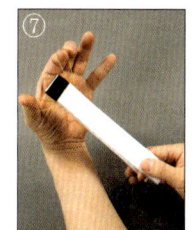

⑦ 절연 테이프로 감은 부분이 위를 향하게 한 다음 우드락 날개 사이에 고무 밴드를 걸고 하늘을 향해 힘껏 솟아 올린다.

실험 결과

실험 결과, 고무 밴드가 하늘 높이 날아갔다가 떨어지는 모습을 관찰할 수 있다. 이 실험은 씨앗이 이동하는 방법을 알려주는 실험으로 앞에서 만든 모형은 단풍나무 씨앗을 본뜬 것이다.

씨앗이 떨어지는 시간을 늘리려면 더 높이 쏘아 올리거나 우드락을 최대한 바깥쪽으로 둥글게 말아 올리면 된다.

생각 나누기

· 우리가 만든 씨앗 모형과 비슷한 씨앗은 무엇일까?
· 떨어지는 시간을 늘리려면 어떻게 해야 할까?

CHAPTER 02
-P.025 PHOTOGRAPH

SADARI SCIENCE
CHAPTER 02 PHOTOGRAPH

Chapter 02
하늘 공원의
어제와 오늘

하늘 공원의 어제와 오늘

▲하늘 공원

9,200만 톤의 쓰레기가 쌓인 쓰레기 매립장. 역겨운 냄새로 코를 쥐게 만들었던 이곳이 맹꽁이*, 족제비, 황조롱이*가 찾아오고 사람들이 산책하는 공원으로 다시 태어났다면 믿을 수 있을까?

하늘 공원. 이곳의 옛 이름은 난지도다. 1978년 쓰레기 매립장으로 지정된 이후 날마다 쓰레기가 쌓였던 이곳이 2002년 '생태 공원'으로 다시 태어났다.

서울시는 1993년부터 이곳을 생태 공원으로 만들기로 결정하고 생태 복원을 시작했다. 그리고 2002년, 월드

맹꽁이
양서류로 몸은 5cm 정도이며 누런 바탕에 푸른색 또는 검은색의 무늬가 있다. 몸집이 뚱뚱하고 머리는 짧으며 발에 물갈퀴가 없다. 낮에는 땅속에 있다가 밤에 나와 곤충을 잡아먹는다.

황조롱이
맷과의 새로 몸의 길이는 33~35cm이며, 한국, 일본, 중국, 러시아, 필리핀, 타이 등지에 분포한다. 천연기념물 제 323-8호

컵 경기가 열리면서 이곳을 비롯하여 노을 공원, 난지천 공원이 문을 열었다.

쓰레기장이 몇 년 사이에 공원으로 바뀌었다는 사실이 참으로 놀랍다. 하지만 아쉽게도 아직까지는 쓰레기에서 오염된 물과 유독가스가 나오고 있다고 한다. 그래서 이를 정화하고 자원으로 재활용하는 작업이 계속되고 있다. 서울시는 이러한 생태 공원이 자연에 가까운 상태로 돌아가는 시기를 2020년 정도로 예상하고 있다.

그럼 어떻게 쓰레기 매립장이 생태 공원으로 다시 태어나게 된 걸까?

흙의 건강을 지키는 파수꾼

지렁이를 보면 어떤 느낌이 들까? 비 오는 날 운동장이나 흙길을 걷다가 꿈틀대는 지렁이를 발견했을 때의 그 기분이란! 아마도 꿈틀대고 물컹거리는 지렁이를 징그럽다고 느끼는 사람들이 많을 것이다.

그런데 이렇게 징그러운 지렁이 덕분에 쓰레기 매립장이 생태 공원으로 다시 태어날 수 있었다. 사실 지렁이는 쓰레기를 비료로 만들어 주는 고마운 능력자다!

지렁이는 땅속에서 생활하는 야행성 동물이다. 몸길이

▲ 지렁이

는 보통 10cm 정도인데, 작은 것은 2~5mm, 큰 것은 2~3m나 된다고 한다. 전 세계에 약 5,500종, 한국에는 약 60종이 있다. 무게로 따지면, 땅속 생물체 전체 무게의 80%를 지렁이가 차지한다고 한다.

지렁이는 눈이나 귀 같은 감각 기관이 없다. 눈이 안 보이고, 귀가 안 들렸다는 헬렌켈러 같다고? 하지만 헬렌켈러에게는 없는 것을 지렁이는 갖고 있다. 그것은 바로 몸 표면 전체에 빛이나 압력 같은 자극을 받아들이는 세포! 이 덕분에 지렁이는 주변에서 일어나는 일을 알 수 있다.

지렁이는 냄새나 맛도 느낄 수 있다고 한다. 특히 단맛이 나는 먹이를 가장 좋아한다는 연구 결과도 있다.

지렁이는 썩은 나뭇잎이나 동물의 똥 같은 유기물을 즐겨 먹는다. 특히 오래된 낙엽이나 단백질과 당이 많이 들어 있는 유기물을 좋아한다.

식물은 낙엽이나 동물의 똥 그 자체를 먹지 못한다. 지렁이와 같은 토양 생물과 미생물이 이들을 잘게 분해해 주어야 식물이 먹어서 영양분으로 쓸 수 있다. 마치 지렁이가 식물의 엄마라도 되는 것 같다. 우리도 어렸을 때, 엄마가 생선 가시도 골라 주고, 큰 덩어리는 먹기 좋게 잘라 주었던 것처럼 말이다.

지렁이는 먹이를 먹은 뒤 12~20시간 뒤에 배설하는데, 이 배설물을 분변토라 한다. 거름 성분으로 쓰이는 질소, 인, 칼륨과 아민산 같은 유기물이 분변토에 많이 들어 있다. 그래서 지렁이가 유기물을 먹고 뱉은 분변토는 흙을 건강하게 해 준다.

지렁이는 땅 위에 떨어진 낙엽과 같은 유기물을 자신이 살고 있는 땅속으로 운반해 흙과 함께 먹는다. 이때 땅 위의 유기물은 땅속으로 들어가게 되고, 땅속에 있던 무기물은 땅 위로 나오게 된다. 이렇게 유기물과 무기물은 지렁이에 의해 땅 위에서 땅속으로, 땅속에서 땅 위로 운반되며 골고루 섞이게 된다.

농사를 지을 때, 농작물이 건강하게 자라도록 쟁기*로 밭을 가는 일을 한다. 지렁이는 이러한 일을 평생 하는 셈이다. 이러한 일을 하기 때문에 지렁이가 많이 사는 흙 속에는 아주 작은 굴이 많이 생긴다. 지렁이가 많은 지역의 흙이 스펀지처럼 폭신하고 부드럽게 느껴지는 것도 이 때문이다.

지렁이가 농업에 미치는 영향은 20세기 들어와서 본격적으로 연구되기 시작했다. 지렁이의 분변토를 이용한 비료나 지렁이 농법은 오늘날 전 세계적으로 쓰이고 있다. 요즘은 음식물 쓰레기와 가축 폐기물, 하수 시설의 슬러지* 및 분뇨 처리에 활용하는 방안도 연구되고 있다.

쟁기
쟁기는 소나 말, 기계 따위의 힘을 이용해 논밭을 갈 때 쓰는 기구다. 주로 땅을 갈아서 잡초를 없애고, 흙 속에 많은 구멍을 만든다.

슬러지
슬러지는 하수를 처리하거나 수돗물을 얻기 위해 강물을 정수할 때 바닥에 가라앉은 찌꺼기를 말한다. 오니라고도 한다.

왜 지렁이는 비가 오면 나타날까?

지렁이가 많이 사는 흙 속에는 빈틈이 많이 있다. 비가 와서 이 틈으로 물이 들어가면 흙 속의 공기가 빠져나온다. 이렇게 되면 흙 속에 산소가 부족하게 되기 때문에 지렁이는 숨쉬기 어려워진다. 그래서 비가 많이 오면 지렁이는 숨을 쉬기 위해 땅 위로 나오게 된다.

위대한 청소부, 곰팡이

비가 유난히 많이 온 여름에 천장 구석을 잘 보자. 검푸른 곰팡이를 발견할 수 있다. 곰팡이는 습한 것을 아주 좋아하고, 햇빛은 아주 싫어한다.

곰팡이는 천장 구석에만 있는 게 아니다. 잘 살펴보면 우리 주변에서 아주 쉽게 찾을 수 있다. 신발 속이나 옷장 뒤를 살펴보자. 그곳에도 곰팡이는 숨어 있다. 자동차나 집에 있는 에어컨을 켰을 때 케케묵은 냄새가 난다면 그 속에도 곰팡이가 살고 있다는 증거!

곰팡이를 현미경으로 보면 실과 같은 모양을 볼 수 있다. 이것을 '균사'라고 하는데 대부분의 곰팡이는 균사로 이루어져 있다.

운이 좋으면 균사 끝에 둥그런 것이 붙어 있는 것을 볼 수 있다. '포자'라고 하는 것인데 곰팡이의 씨라고 할 수 있다. 곰팡이 가운데는 푸른색을 띠는 것도 있고 흰색을 띠는 것도 있으며 검은색을 띠는 것도 있다. 곰팡이가 이렇게 다양한 색을 띠는 것은 곰팡이마다 포자의 색이 다양하기 때문이다. 하지만 곰팡이 몸을 이루고 있는 균사는 색이 없다.

▲균사와 포자

곰팡이의 포자는 아주 가벼워서 공기 속을 떠돌다가, 축축하고 햇빛이 잘 비치지 않는 곳에 있는 먹이에 붙으면 다시 균사를 내보내 생명 활동을 시작한다.

어떤 곰팡이는 빵이나 떡을 먹고 자라지만 어떤 곰팡이는 비둘기 똥이나 말똥을 먹고 산다. 차가운 냉장고 속에 넣어 둔 고기 속에서 잘 자라는 곰팡이도 있고 비행기 연료 탱크 속에서 사는 곰팡이도 있다.

▲메주

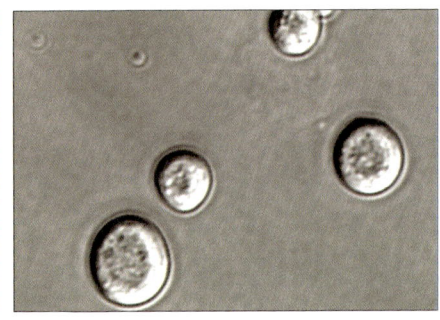
▲효모

심지어 우리 몸에도 곰팡이가 살고 있다. 캔디다 알바칸스라는 곰팡이는 입 속에 사는데 아구창* 같은 병을 일으킨다. 무좀도 곰팡이가 일으키는 질병 가운데 하나다.

곰팡이가 병만 일으키는 것은 아니다. 병을 고치기도 한다. 제2차 세계 대전을 연합군의 승리로 이끈 영국의 수상 처칠이 폐렴에 걸려 사경을 헤맬 때, 처칠의 생명을 구한 것은 페니실린이란 약이다. 이 약은 푸른곰팡이로 만들어졌으며, 이 약 덕택에 많은 사람이 목숨을 구할 수 있었다고 한다. 지금도 많은 과학자들이 곰팡이에서 새로운 약을 개발하기 위

아구창
아구창은 입 속의 혀나 잇몸, 또는 입천장 같은 곳에 하얀 반점이 생기는 병이다. 젖먹이 어린이에게 흔히 볼 수 있는 병이다.

해 노력하고 있다.

우리가 즐겨 먹는 음식 가운데 곰팡이로 만든 음식이 꽤 있다. 우리 음식에서 빠지지 않는 된장과 간장, 어른들이 즐겨 마시는 맥주, 포도주가 바로 곰팡이로 만든 음식이다. 우리나라 전통 술인 막걸리나, 서양의 블루치즈도 곰팡이가 만든 음식이다.

그럼 곰팡이가 이 세상에서 사라진다면 어떤 일이 일어날까? 곰팡이는 죽은 동물이나 식물을 분해하는 일을 한다. 곰팡이가 사라지면 죽은 동물과 식물을 분해할 수 없으므로 우리 지구는 동물과 식물의 시체로 뒤덮이고 말 것이다. 결국 곰팡이는 자연을 깨끗하게 청소하는 청소부라 할 수 있다.

페니실린을 발견한 플레밍

영국 미생물학자인 알렉산더 플레밍은 1928년 어느 날, 우연히 1개의 배양 접시에서 병균 무리가 죽어 있는 것을 발견했다. 배양 접시에 피어 있는 푸른곰팡이 때문에 병균이 자라지 못했다고 생각한 그는 푸른곰팡이로 실험을 거듭했다. 그 결과 푸른곰팡이가 만든 물질이 여러 종류의 세균을 자라지 못

▲노벨상을 수상하고 있는 알렉산더 플레밍

하게 한다는 것을 확인할 수 있었다. 플레밍은 이 물질에 페니실린이란 이름을 붙였다. 그 후 옥스퍼드 대학의 병리학자 플로리와 체인의 노력으로 페니실린은 폐렴을 비롯한 세균성 질환을 앓고 있는 사람을 위한 '기적의 항생제'가 되었다. 그리고 플레밍은 그들과 함께 1945년 노벨 생리의학상 수상자가 되었다.

신이 준 선물

맛보기 퀴즈

식물이 아닌 것은?
① 도라지 ② 고사리 ③ 송이버섯 ④ 이끼

아주 옛날 그리스와 로마에 살던 사람은 버섯을 '신의 식품'이라 부르며 즐겨 먹었다고 한다. 또 중국 사람은 버섯을 불로장수[*]의 영약으로 생각하여 아주 귀하게 여겼다. 그럼 이러한 버섯의 정체는 무엇일까? 동물처럼 풀을 먹거나 다른 동물을 잡아먹지도 않고, 식물처럼 움직이지도 않는 걸 보니 식물인 걸까?

옛날 사람들은 버섯을 식물로 보았다. 하지만 버섯은 식물의 가장 중요한 특징인 광합성을 할 수 없다. 그래서 버섯은 식물이라고 할 수 없다. 그러면 버섯은 도대체 뭘까?

사실 버섯은 몸이 균사로 이루어져 있다. 결국 버섯은 곰팡이의 한 종류라고 할 수 있다.

> **불로장수**
> 늙지 아니하고 오래 삶

버섯을 만드는 곰팡이는 같은 종류의 곰팡이끼리 모여 균사 상태로 지내다가, 비가 온 뒤 적당히 축축해지면 갓 모양을 한 버섯으로 자란다.

버섯의 갓 안쪽 주름에서 곰팡이의 씨라 할 수 있는 포자가 만

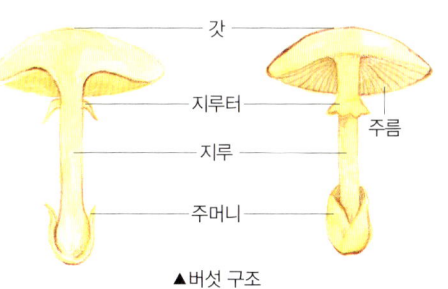
▲버섯 구조

셀룰로오스와 리그닌
셀룰로오스와 리그닌은 나무를 이루고 있는 중요한 물질이다. 셀룰로오스는 섬유소라고도 하는데 종이나 옷감으로 많이 쓰인다.

들어지는데, 이 포자가 멀리 보내져 다른 포자와 만나 합쳐지면, 새로운 버섯을 만들게 된다. 결국 우리가 먹는 버섯의 갓 부분은 포자를 만들기 위해 곰팡이가 만든 몸이라 할 수 있다. 식물에 비유하자면 꽃에 해당하는 것이다. 그리고 뿌리와 줄기, 잎은 균사에 해당한다.

버섯은 식물의 몸을 이루고 있는 셀룰로오스와 리그닌[*]을 분해해서 살아간다. 만약 버섯을 보고 싶다면, 비 오고 난 뒤 얼마 지나지 않았을 때 우거진 숲 속을 거닐어 보자. 많은 야생 버섯을 볼 수 있다.

버섯이라고 무조건 먹으면 안돼!

버섯은 독특한 향기와 맛, 영양 가치 때문에 사람들이 좋아하는 식품 가운데 하나다. 목이버섯, 싸리버섯, 송이버섯, 표고버섯, 느타리버섯, 팽나무버섯들은 사람들이 즐겨 먹는 버섯이다.

하지만 모든 버섯을 다 먹을 수 있는 것은 아니다. 사람을 미치게 하거나 정신을 잃게 하여 목숨을 빼앗아 가는 버섯도 있다. 그래서 식용 버섯으로 확실히 식별할 수 있는 버섯 이외에는 먹지 않는 것이 좋다.

척박한 땅의 개척자

맛보기퀴즈
남극에서 볼 수 없는 생물은?
① 황제펭귄 ② 지의류 ③ 북극곰 ④ 바다표범

남극 하면 황제펭귄과 얼음이 떠오른다. 그런데 춥고 건조한 남극에 식물처럼 광합성을 하는 생물이 있다면 믿을 수 있을까?

흙이라곤 구경하기 힘든 남극의 바위 표면에 얼룩덜룩한 것이 묻어 있다면 틀림없이 지의류다.

지의류는 약 350종 가량이 알려져 있는데 남극에서는 제일 쉽게 볼 수 있는 생물이다. 지의류는 곰팡이와 조류*가 한 몸처럼 어울려 살아가는 생물 무리이다. 균류는 조류를 둘러싸고 있으며, 물을 흡수하여 조류에게 공급한다. 그리고 조류는 광합성을 해서 균류와 자신에게 필요한 양분을 만든다. 이렇게 양분을 만들기 때문에 지의류는 바위나 나무껍질 같이 흙이 없는 곳에서도 잘 자란다.

지의류는 특수한 화학 물질을 내보내 바위의 표면이 부서지게 만든다. 그래서 다른 이끼 종류

▲ 지의류가 핀 바위 표면

조류
조류는 물속에 살며 광합성을 하는 생물이다. 남조류, 녹조류, 황조류 따위가 있다.

▲나무껍질에 핀 지의류

가 들어와 살 수 있게 한다. 이러한 능력 때문에 지의류는 '황무지의 개척자'라는 별명이 붙여지기도 했다. 지의류도 곰팡이나 버섯처럼 포자로 번식한다.

지의류는 공기를 오염시키는 물질 가운데 하나인 이산화황에 민감하다. 그래서 대기 오염이 심한 지역에서는 살지 못한다. 만약 지의류를 보기 어려운 곳이라면, 주변 공기가 많이 오염되어 있다고 봐도 좋다.

우리가 살고 있는 주변을 잘 살펴보자. 바위 표면이나 나무껍질에 지의류가 있는지 없는지! 만약 지의류를 찾기 어렵다면 우리가 마시고 있는 공기가 깨끗하지 않다는 증거다.

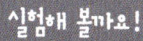 **실험해 볼까요!**

지렁이가 좋아하는 빛은?

지렁이가 어떤 빛에 반응하는지 알아보자.

🧪 준비물
지렁이 여러 마리, 손전등 2개, 빨간 셀로판지, 뚜껑이 있는 신발 상자 2개, 테이프, 종이 수건, 종이

탐구 순서

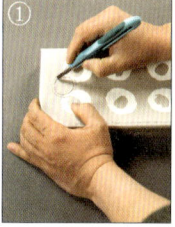 
 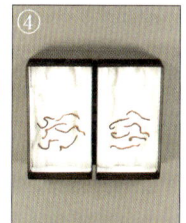

① 각 신발장의 뚜껑 한쪽에 손전등의 끝부분보다 조금 작게 둥근 구멍을 뚫는다.
② 신발 상자 뚜껑 안쪽에 종이를 붙이되 구멍의 반대편으로부터 약 10cm 떨어지고 신발 상자의 바닥에서부터 약 3cm 정도 위까지 내려오도록 한다.
③ 각 상자의 바닥에 젖은 종이 수건을 놓는다.
④ 뚜껑에 있는 구멍 아래쪽에 5마리 정도씩 지렁이를 놓는다.

⑤ 상자의 구멍에 손전등을 끼우고 불을 켜 본다. 다른 상자의 구멍은 4겹이 빨간 셀로판지로 덮은 다음 손전등을 그 위에 올려놓고 불을 켜 본다. 30분 정도 그대로 둔 후, 뚜껑을 열고 지렁이들의 위치를 확인한다.

실험 결과

뚜껑을 열어 보면 손전등을 비춘 상자에 있던 지렁이가 손전등 반대쪽에 모여 있는 것을 볼 수 있다. 이는 지렁이가 빛을 싫어하기 때문이다. 한편 빨간 셀로판지로 덮은 상자의 지렁이는 빛에 대한 움직임이 별로 없다는 사실을 알 수 있다. 이는 지렁이가 빨간 빛을 빛으로 느끼지 못하기 때문이다. 사진을 인화하는 종이에는 화학 물질이 묻어 있는데 이 화학 물질도 빨간 빛에 반응하지 않는다. 그래서 사진을 인화하는 곳에서 형광등을 켜면 안되지만 빨간색 등은 켜도 된다.

생각 나누기

· 지렁이는 빛을 좋아할까?
· 빨간 빛에 대한 지렁이의 반응은 어땠는지 살펴보자. 이런 현상이 나타나는 이유는 무엇일까?

CHAPTER 04
-P.039 PHOTOGRAPH

SADARI SCIENCE
CHAPTER 03 PHOTOGRAPH

Chapter 03
숨바꼭질 할래!

숨바꼭질 할래!

▲ 조앤 k. 롤링이 쓴 《해리포터》

　조앤 K. 롤링이 쓴 판타지 소설 《해리포터》에는 주인공 해리포터가 투명 망토를 쓰면 감쪽같이 사라져 보이지 않는 장면이 나온다.
　이처럼 소설이나 영화에서나 나올 법한 투명 망토가 실제 개발되었다고 한다. 2004년 샌프란시스코의 첨단 기술 전시회 '넥스페스'에 출품되어 관심을 받았던 투명 망토는 일본 도쿄 대학의 다치 스스무 교수팀이 수년에 걸쳐 개발한 것이다.
　이 망토는 사실 망토의 뒷모습을 카메라 영상으로 담아 망토 앞면에 상영함으로써 투명 망토처럼 보이도록 한 것이다.

이러한 투명 망토를 만드는 기술을 이용하면, 의사가 수술할 때 자신의 손에 가려 보이지 않는 부분을 정확하게 보여 주는 장갑도 만들 수 있고, 비행기가 착륙할 때 활주로 바닥을 볼 수 있게 할 수도 있다. 또한 군인들이 카멜레온처럼 주위 환경의 색깔에 섞여 보이도록 자신의 옷 표면을 위장하는 것도 가능하다.

　우리는 끊임없이 연구하고, 기술이 발달해야만 이러한 일들이 가능한데, 동물들은 선천적으로 자기 몸을 투명하게 보이도록 할 수 있다. 어떻게 이런 일이 가능한 것일까?

나 찾아 봐라~

　"꼭꼭 숨어라! 머리카락 보일라!"

　친구들과 숨바꼭질을 해 본 적이 있을 것이다. 이러한 숨바꼭질을 동물들도 한다! 다른 점이 있다면, 우리는 놀이로 하고, 동물들은 살기 위해 어쩔 수 없이 한다는 점이 다르다. 그럼 동물들이 얼마나 숨바꼭질을 잘하는지 구경해 보자!

▲ 보호색을 갖고 있는 도마뱀

위의 첫 번째 사진을 자세히 살펴보자. 나무에 찰싹 달라붙어 있는 도마뱀을 찾을 수 있을까? 못 찾겠으면 두 번째 사진을 보자. 도마뱀의 위치를 친절하게 가르쳐 줬다. 이번엔 도마뱀을 찾을 수 있을까? 아마 눈을 부릅뜨고 찾아봐도 도마뱀을 찾기 어려울 것이다. 그럼 이제 마지막 사진을 보자. 컴퓨터를 이용하여 나무 색깔을 진하게 했다. 이제 도마뱀이 보인다. 이 사진처럼 컴퓨터로 색깔을 조정하면 모를까, 자연 상태에서는 도마뱀을 발견하기 어렵다.

지구에 살고 있는 동물 가운데는 도마뱀처럼 독특한 몸 색깔을 이용하여 자신을 보호하는 동물이 많이 있다. 이러한 동물의 몸 색깔은 주변 환경의 색깔과 비슷하여 다른 동물의 눈에 쉽게 띄지 않는다. 이러한 동물의 몸 색깔을 흔히 '보호색'이라 한다.

보호색은 다른 동물에게 잡아먹히는 동물만 갖고 있다고 생각하기 쉽다. 하지만 다른 동물을 잡아먹는 동물도 보호색을 갖고 있다. 먹잇감에게 들키지 않고 접근하기 위해서다.

보호색은 보통 주변 환경과 비슷한 색을 띠는 경우가 많은데, 얼룩말처럼 시각적으로 교란을 일으켜 그 동물의 정체와 위치를 숨기는 경우도 있다.

얼룩말에 왜 줄무늬가 있는 걸까?

얼룩말을 잡아먹는 사자나 표범, 치타 같은 동물을 '포식자'라 하는데, 이러한 동물은 세상을 흑백으로만 볼 수 있다. 얼룩말이 사자나 표범과 같은 포식자가 다가온다는 사실을 알면, 얼룩말 무리가 일제히 달아나기 시작한다. 이때 흑백만 볼 수 있는 눈으로는 얼룩말 하나하나가 구분되지 않고, 거리감을 느낄 수 없다. 그래서 사자나 표범 등은 쉽게 얼룩말을 잡지 못하고 빈번히 얼룩말을 놓친다. 얼룩말의 얼룩무늬는 주변 환경의 색과 비슷하지 않지만 포식자의 눈을 혼란스럽게 만들어 자신을 보호하므로 보호색이라고 말한다.

▲얼룩말

감정까지 나타내는 보호색

> 보호색은 변할 수 있을까?
> ① 있다 ② 없다
>
> 맛보기퀴즈

몸 전체 아니라 몸의 일부만 보호색을 띠는 경우도 있다. 개구리나 메뚜기가 그런 예이다. 개구리나 메뚜기의 경우, 등 부분은 풀과 비슷한 초록색을 띠고 있지만 배 부분은 흰색을 띤다.

▲풀과 비슷한 색을 갖고 있는 두건메뚜기　　▲돌과 비슷한 색깔을 갖고 있는 돌가자미

　등 푸른 생선의 대명사인 고등어도 비슷한 경우다. 고등어는 비교적 수면 가까이 생활한다. 그래서 갈매기 같은 바다 새의 먹잇감이 되곤 한다. 하지만 고등어의 등은 바다색과 비슷한 파란색을 띠고 있기 때문에 바다 새들로부터 몸을 보호할 수 있다.

　하지만 고등어를 먹이로 하는 동물은 하늘에만 있는 것이 아니라 바다 속에도 있다. 물개나 상어가 그 예이다. 이들로부터 몸을 보호하기 위해 고등어의 배는 흰색을 띤다. 이 때문에 물속에서 수면을 바라보는 물개나 상어는 고등어를 하늘 위에 떠 있는 구름으로 착각하기 쉽다.

　고등어뿐 아니라 돌가자미도 돌과 비슷한 보호색을 갖고 있어 포식자로부터 자신의 몸을 지킨다.

　동물의 보호색은 주변 환경에 따라 변하기도 한다. 토끼의 털색이 그 예이다. 여름철 토끼의 털은 주변 숲이나 풀밭과 조화를 이루는 갈색을 띠는데 겨울이 되면 눈 속에서 완벽하게 위장할 수 있도록 흰색을 띤다.

　넙치는 주변 환경에 따라 등 색깔이 짙어지기도 하고 옅어지기도 한다. 문어도 주변 환경에 따라 몸 색깔이 변한다. 이러한 몸 색깔의 변화는 눈과 뇌, 호르

▲여름 토끼

▲겨울 토끼

몬 등에 의해 조절되며, 검정, 노랑, 빨강 등 색소 세포의 작용으로 일어난다.

 몸 색깔이 변하는 동물 가운데에서 단연 으뜸은 카멜레온! 변신의 천재라 불리는 카멜레온은 어떤 동물보다도 재빠르게 몸 색깔을 바꿀 수 있다. 카멜레온의 몸 색깔은 빛, 온도, 감정에 따라 시시각각 변한다.

 카멜레온의 기본색은 녹색인데, 빛이나 온도, 감정에 따라 보라색이나 푸른색으로 변할 수 있다. 특히 몸의 표면에 빛이 닿으면 그 부분만 색이 짙어지기도 한다. 그래서 나무 위 카멜레온의 몸 색깔은 나무 사이로 새어 들어온 빛이 닿은 부분은 짙고 그늘인 부분은 옅은 녹색이 되어 결과적으로 완벽한 보호색을 지니게 된다.

▲녹색 카멜레온

▲붉은 카멜레온

▲빛에 따라 녹색이 짙고 옅은 카멜레온

 온도에 따른 변화는 보통 25℃를 경계로 일어난다. 25℃ 이상이 되면 짙은 색이 되고, 해가 떨어져 25℃ 이하로 온도가 내려가 선선해지면 옅은 색이 된다.

　사람은 감정에 따라 얼굴색이 변한다. 충격적인 일이 생기면 얼굴이 하얗게 질리기도 하고, 너무 화가 나면 얼굴이 빨개지기도 한다. 물론 사람에 따라 티가 안 나는 사람이 있기도 하다. 하지만 관찰력이 뛰어난 사람은 얼굴색과 표정을 보고 그 사람의 감정을 알 수 있다. 카멜레온도 감정에 따라 몸 색깔이 변한다. 왜 감정에 따라 몸 색깔이 변하는지는 아직 수수께끼로 남아 있다.

 카멜레온은 어떻게 다양한 색을 나타낼 수 있을까?

　카멜레온의 피부의 표피 밑에 겹쳐져 있는 색소 세포는 마치 무지개떡 같다. 3층으로 나누어졌는데, 맨 위층에는 황색과 붉은색 색소를 가진 세포가, 가운데에는 보라색이나 푸른색, 녹색 빛이나 흰색 빛을 반사하는 세포가, 그리고 제일 아래층에는 멜라닌 색소로 검은색을 띠는 세포가 있다. 이 검은색을 띠는 세포는 멜라닌 색소 알갱이를 피부 여기저기에 자유롭게 운반할 수 있다

결국 카멜레온은 눈으로 들어오는 빛, 피부에서 느끼는 빛, 또는 호르몬의 상태 등에 따라 이 3가지 세포층의 상태를 조절하여 다양한 몸 색깔을 만든다.

카멜레온은 고도의 위장술 덕분에 웬만해서는 눈에 띄지 않는다. 잠자코 있다가 먹이가 사정 거리 안에 접근하면, 카멜레온은 머리와 몸통을 합친 길이보다 훨씬 긴 혀를 뻗어서 먹이를 날름 잡아먹는다!

흉내 내기와 겁주기

　다른 동물을 흉내 내거나 주변에 있는 것과 비슷한 모양을 해서 천적으로부터 자신을 보호하기도 하는데, 이러한 방법을 '의태'라 한다.

의태는 몸을 숨기는 의태와 드러내는 의태로 구분할 수 있다. 나뭇가지와 비슷하게 생긴 자벌레와 대벌레, 나뭇잎처럼 보이는 나뭇잎벌레, 날개를 접으면 낙엽처럼 보이는 으름덩굴큰나방은 주변에 있는 것과 비슷한 모양을 해서 천적[*]으로부터 몸을 숨긴다.

> **천적**
> 자신을 잡아먹는 동물을 가리켜 천적이라 한다. 예를 들면, 뱀은 쥐를 잡아먹으므로, 뱀은 쥐의 천적이다. 배추흰나비의 천적은 나비살이고치벌이고 무당벌레는 진딧물의 천적이다. 비슷한 말로는 목숨앗이가 있다.

▲자벌레

▲대벌레

반면에 등에는 몸을 드러낸다. 등에는 생김새나 몸 색깔이 독침을 가진 꿀벌이나 장수말벌과 비슷하다. 벌침에 쏘인 경험이 있는 동물은 등에를 벌로 착각하여 건들지 않는다. 이 덕분에 등에는 천적으로부터 공격을 덜 받는다.

▲등에

▲꿀벌

▲ 꽃버마재비

이처럼 등에는 꼭꼭 숨는 것보다 오히려 눈에 잘 띄는 것이 살아남는 데 유리하다.

몸을 드러내는 동물은 등에의 경우처럼 몸 색깔이 화려하다. 이러한 몸 색깔을 '경계색'이라 한다. 자신을 감추려고 하는 보호색과는 달리, 천적의 눈에 잘 띄게 함으로써 적이 경계하여 피해 가도록 하는 것이다.

경계색은 나비나 나방의 날개와 애벌레에서 쉽게 볼 수 있다. 으름덩굴큰나방은 날개를 접고 있을 때는 낙엽처럼 보이지만, 날개를 펼치면 숨어 있는 새 눈 모양의 문양이 나타난다. 이것도 경계색의 일종이다.

의태는 잡아먹히는 동물뿐만 아니라 잡아먹는 동물에게서도 발견된다. 꽃을 닮은 꽃버마재비는 꽃 속에 숨어 있다가, 꽃을 찾아온 곤충을 속여 잡아먹는다. 이처럼 잡아먹는 동물의 의태를 '공격 의태'라 한다.

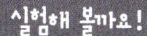

어떤 색 초콜릿이 많이 남을까?

배경색에 따라 어떤 색의 초콜릿이 많이 남는지 실험하고 보호색의 중요성을 알아보자.

 준비물

색깔이 있는 초콜릿, 색 도화지

 탐구 순서

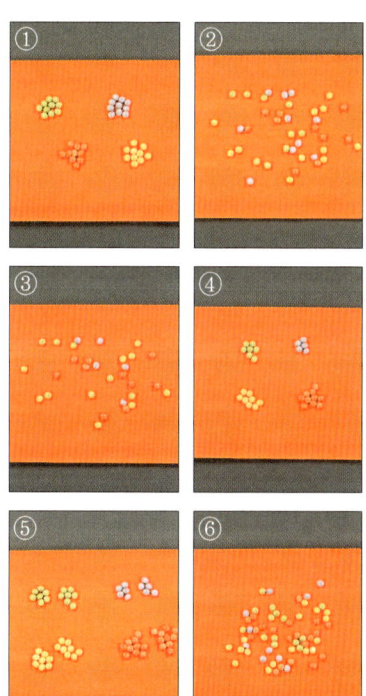

① 6가지 색(빨강, 노랑, 파랑, 주황, 갈색, 연두색)의 초콜릿을 10개씩 골라 색 도화지 위에 놓는다.
② 6가지 색의 초콜릿을 골고루 섞이도록 색 도화지 위에 잘 흩어 놓는다.
③ 눈을 감고 고개를 돌렸다가 다시 색도화지 위의 초콜릿을 보고 눈에 잘 띄는 것을 1개 집어낸다.
④ 같은 방법으로 초콜릿을 하나씩 집어내어 30개가 남을 때까지 진행한다.

어떤 색의 초콜릿이 몇 개씩 남았는지 확인하고(남은 초콜릿의 수가 생존한 생물의 수이다.) 남은 초콜릿의 수를 센다.

⑤ 남은 초콜릿 수만큼 같은 색의 초콜릿을 색 도화지 위에 올려놓는다.
(새로 더한 초콜릿 수는 자손이 수로 생각한다.)

⑥ 초콜릿이 골고루 섞이도록 잘 흩어 놓는다. 위 과정을 3회 반복하여 색 도화지에 남은 초콜릿 수를 세어 표에 기록한다.

초콜릿 색깔	기준수	1세대		2세대		3세대	
		생존	번식	생존	번식	생존	번식
빨강	10						
노랑	10						
갈색	10						
연두색	10						
파랑	10						
주황	10						

실험 결과

위의 과정을 3회 반복한 후, 남은 초콜릿을 살펴보면 배경으로 깔아놓은 색 도화지와 비슷한 색깔의 초콜릿 수가 다른 초콜릿에 비해 적다는 사실을 발견할 수 있다. 보호색으로 무장한 생물을 발견하기 어렵듯이 초콜릿 또한 배경색과 비슷하면 비슷할수록 발견하기 어렵다.

생각 나누기

· 각 세대에서 생존한 수만큼의 초콜릿을 왜 더해 주었을까?
· 이 활동에서 도화지 색과 가장 많이 남은 초콜릿의 색은 어떤 관련이 있을까?

CHAPTER 04
- P.051 PHOTOGRAPH

SADARI SCIENCE
CHAPTER 04 PHOTOGRAPH

Chapter 04
베르사유 궁전에는
화장실이 없다!

베르사유 궁전에는 화장실이 없다!

▲베르사유 궁전

'짐은 국가다!'라는 말을 남긴 태양왕 루이 14세. 그가 20년이나 공을 들여 만든 궁이 있다. 파리에서 서남쪽으로 23km 떨어진 베르사유에 위치한 '베르사유 궁전'이 바로 그것이다.

베르사유 궁전은 바로크 건축의 대표 작품으로, 호화로운 건물과 광대하고 아름다운 정원으로 유명하다. 이 때문에 1979년, 세계 문화 유산으로 지정되기도 했다.

그런데 이토록 화려한 궁전 건물에 화장실이 하나도 없다면 믿을 수 있을까? 당시 왕을 비롯해서 궁전에 사는 사람들은 모두 전용 변기를 갖고 다녔

▲베르사유 궁전의 정원

기 때문에 건물 안에 화장실을 둘 필요가 없었다. 그렇다면 전용 변기가 없는 손님은 화장실을 가고 싶을 때 어떻게 해결했을까?

어쩔 수 없이 궁전의 정원 속으로 들어가 남몰래 실례를 하는 일이 많았다고 한다. 이런 일이 자주 있다 보니 화려한 정원에서 지독한 악취가 날 수밖에 없었다. 이를 보다 못한 궁전 관리인이 정원에 출입 금지 표지판을 세웠는데, 이 표지판을 '에티켓'이라고 불렀다. 예의범절을 의미하는 이 말은 바로 여기에서 비롯된 것이다.

그 당시 사람들은 용변을 본 후에 손을 잘 씻을 수 없었다고 한다. 손을 잘 씻지 않고 음식을 먹으면 어떤 일이 생길까?

입 속으로 들어간 음식은 어디로 갈까?

우리는 왜 음식을 먹을까? 맛있어서? 물론 맛 때문에 먹기도 하지만 음식을 먹는 가장 큰 이유는 에너지를 얻기 위해서다. 우리 몸을 이루는 세포가 자라고

활동하기 위해서는 에너지가 필요한데, 이러한 에너지를 우리는 음식에서 얻는다.

만화나 영화에서 거대한 괴물이 사람을 통째로 잡아먹는 장면을 본 적이 있을 것이다. 이 괴물은 왕성한 소화* 기능을 가졌음에 틀림없다! 만약 우리가 거대한 괴물처럼 통째로 음식을 삼키면 어떻게 될까? 아마 체해서 소화제를 먹어야 할지도 모른다.

우리는 거대한 괴물이 아니기 때문에, 음식을 잘게 부수어야 한다. 이처럼 음식물을 잘게 부수어 에너지를 얻는 과정을 '소화'라 한다.

소화
우리 몸이 음식물을 흡수할 수 있도록 잘게 부수는 것을 소화라 한다. 우리가 먹는 음식물은 녹말, 지방, 단백질 따위로 되어 있는데, 작은창자에 있는 소화관이 흡수하기에는 너무 크다. 그래서 녹말, 지방, 단백질은 여러 가지 효소나 소화 기관에 의해 작게 나뉘어져 우리 몸으로 흡수된다.

소화는 음식이 제일 먼저 들어가는 입부터 시작한다. 입은 이나 혀, 침과 같은 특별한 도구를 이용해서 목구멍으로 음식이 쉽게 넘어갈 수 있게 한다.

이때 이는 음식을 잘게 부수는 일을 한다. 크기와 모양이 다른 이가 음식을 썰고, 자르고, 뜯고, 찢고, 갈고, 으깨는 것이다. 이는 크게 네 종류로 나뉜다. 입 앞쪽에 있는 앞니는 썰고, 자르는 일을 하며, 앞니 옆에 있는 송곳니는 뜯고, 찢는 일을 한다. 입 안쪽에 있는 어금니는 음식을 갈고, 으깨는 데 쓰인다.

잘게 부서진 음식은 목구멍에 있는 '식도'를 통해 '위'로 내려간다. 식도는 길이 약 25㎝, 지름 2.5㎝인 긴 관인데, 식도 벽을 이루고 있는 근육이 음식 앞쪽에서는 느슨해지고 뒤쪽에서는 오므라들며 음식을 내려 보

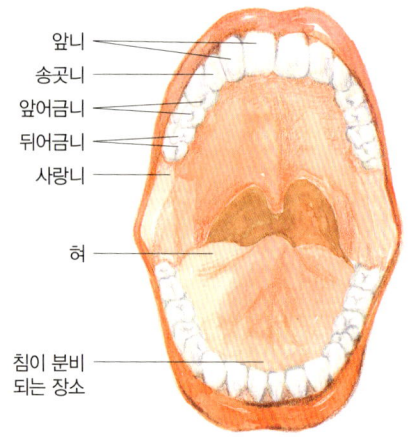

▲입의 구조

낸다. 이러한 운동을 '연동 운동'이라 하는데 연동 운동 덕분에 우리는 물구나무서기를 하면서도 음식을 삼킬 수 있고, 우주 공간에서 우주 비행사들이 음식을 먹을 수 있다.

위에 도착한 음식은 위벽의 운동과 위액의 작용에 의해 걸쭉한 죽으로 변한다. 위벽에서 나오는 염산과 소화액은 음식과 함께 들어온 세균을 죽이고, 음식을 분해한다.

그런데 음식에 세균이 너무 많이 묻어 있으면 위에서 세균을 모두 죽이지 못한다. 그러면 죽지 않은 세균이 작은창자로 이동하는데, 이 세균이 여러 가지 병을 일으킬 수 있다.

19세기부터 20세기 초까지 유럽에서는 깨끗하지 않는 물과 위생 시설, 그리고 전쟁 때문에 콜레라*나 장티푸스*, 이질* 같은 전염병이 크게 돌아 많은 사람이 죽었다고 한다. 당시의 위생 시설은 베르사유 궁전을 보면 짐작할 수 있다.

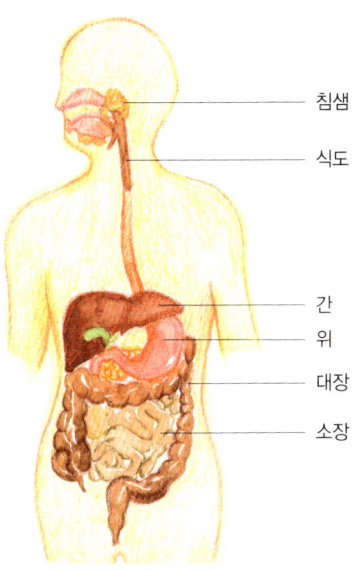

▲사람의 소화 기관

지금은 깨끗한 위생 시설과 발달한 의술 덕분에 옛날처럼 소화계 전염병이 크게 돌지 않는다. 그러나 지금도 음식물 주변을 깨끗하게 하지 않거나 화장실에 다녀온 다음 손을 잘 씻지 않으면, 콜레라나 장티푸스, 이질과 같은 병에 걸릴 수 있다. 더운 여름, 집단 식중독이 발생했다는 뉴스를 들어 본 적이 있을 것이다. 바로 위생 관리를 제대로 하지 않아서 생긴 일이다.

음식은 위에서 4시간 쯤 머물다가 반쯤 소화된 상태로 작

콜레라
콜레라균에 의해 일어나는 소화계 전염병이다. 이 병에 걸리면 심하게 구토하고 설사를 한다. 심하면 죽을 수도 있다.

장티푸스
장티푸스균에 의해 일어나는 전염병이다. 특별한 증세가 없는데도 체온이 높은 상태가 4주간 정도 계속되고 전신이 쇠약해지는 병이다.

이질
이질아메바라는 기생충에 의해 생기거나 겔라균이라는 세균에 의해 생긴다. 이 병에 걸리면 열이 나고, 배가 아프며, 구토하고, 혈액이 섞인 설사를 한다.

은창자로 넘어간다. 작은창자는 뱃속에 꼬불꼬불하게 접혀 있는 가늘고 긴 관인데, 어른의 경우 7m 정도 된다고 한다. 이렇게 긴 것이 우리의 조그마한 몸에 들어 있다는 사실이 참으로 놀랍다.

작은창자는 '융털'이라는 손가락 모양의 아주 작은 돌기로 덮여 있다. 융털 속은 혈관이 그물처럼 얽혀 있는데, 융털돌기는 소화된 영양소를 흡수하는 역할을 한다.

똥은 어떻게 해서 나올까?

작은창자는 십이지장, 공장, 회장으로 구분할 수 있다. 십이지장은 길이가 25cm 정도인데, 간에서 만들어진 쓸개와 이자에서 만들어진 이자액이 흘러 들어와 음식물과 섞이는 곳이다. 공장은 작은창자의 가운데 부분으로 길이가 2.5m이고, 회장은 작은창자의 끝 부분으로 길이가 3m이다. 많은 영양소가 공장과 회장에서 융털 돌기를 통해 혈관으로 흡수된다. 작은창자에 4시간 정도 머문 음식물은 큰창자로 간다. 큰창자는 근육이 발달한 소화관으로 맹장, 결장, 직장으로 나뉜다. 큰창자는 음식물에 남아 있던 물을 흡수하며, 음식물은 큰창자에서 16시간 머물며 점점 단단해진다. 큰창자는 연동 운동으로 단단한 찌꺼기를 몸 밖으로 밀어내는데, 이것을 우리는 똥이라고 한다.

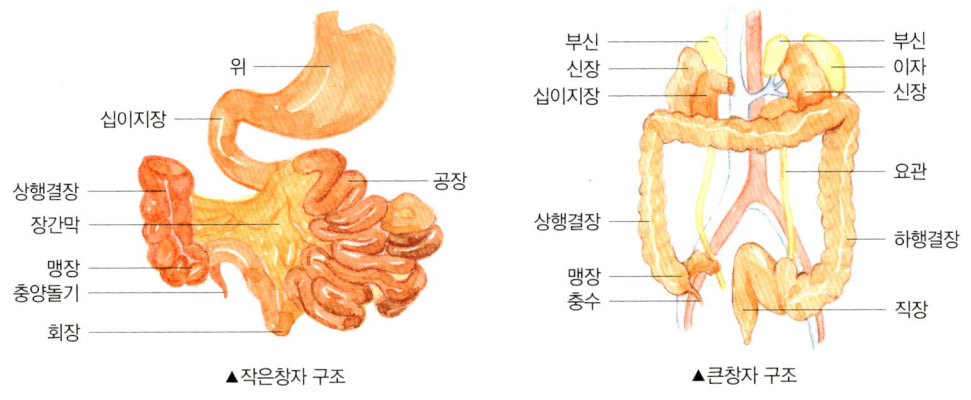

▲작은창자 구조　　▲큰창자 구조

우리 몸속의 화물차와 고속도로

넘어지거나 손을 베이면, 상처에서 피가 난다. 피를 '혈액'이라고도 하며 어른 몸에는 4~5L 정도의 혈액이 있다고 한다. 1.5L 콜라로 생각한다면, 3병 정도의 양이다.

몸무게의 약 1/12 정도를 차지하는 혈액은 물 같은 '혈장'과 그 속을 떠다니는 몇 십억 개의 세포로 이루어져 있다. 이 세포들을 '혈구'라고 부르는데, 적혈구, 백혈구, 혈소판 세 종류가 있다.

적혈구는 붉은색을 띠고 있는 세포로, 도넛 모양을 하고 있다. 적혈구가 붉은색을 띠는 이유는 붉은색을 띠는 헤모글로빈*이라는 화학 물질 때문인데, 헤모글로빈의 구성 요소인 '철' 덕분에 헤모글로빈은 우리 몸에 산소를 운반할 수 있다. 우리 몸에 철분이 부족하면 빈혈로 인해 어지러움을 느끼게 된다. 이때는 소고기, 계란, 간 등의 철이 듬뿍 들어간 음식이나 철분제를 먹도록 하자.

헤모글로빈
철을 함유하는 빨간 색소인 헴과 단백질인 글로빈의 화합물. 적혈구 속에 있으며, 산소와 쉽게 결합하여, 주로 척추동물의 호흡에서 산소 운반에 중요한 역할을 한다.

백혈구는 우리 몸을 지키는 파수꾼이다! 세균을 잡아먹고 온갖 병균과 싸우기 때문이다. 백혈구는 적혈구보다 크며 흰색을 띠고 있는데, 일정한 모양이 없다.

혈소판은 피가 날 때, 피가 멈추도록 도와준다. 혈소판이 없다면, 우리는 조그마한 상처에도 피가 멈추지 않아 죽을 수도 있다.

혈장은 몇 백 가지의 물질이 녹아 있는 누르스름한 액체다. 혈장 속에는 당분, 염분, 무기질, 호르몬, 혈액을 굳게

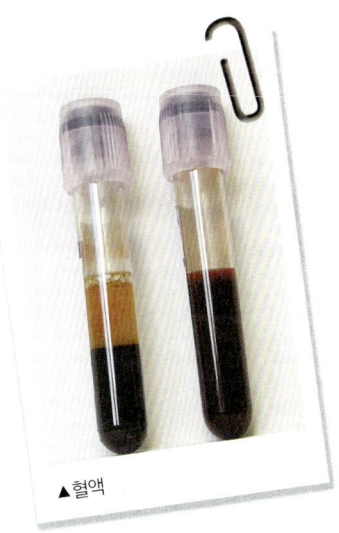

▲ 혈액

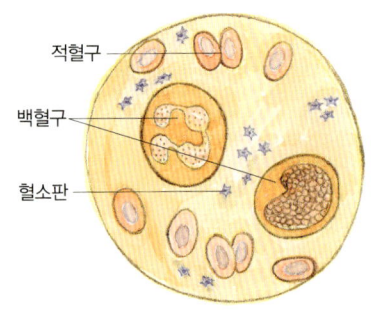
▲혈액 구조

하는 단백질이 녹아 있다. 우리가 약을 먹으면, 약 성분은 작은 창자에서 흡수되어 다른 영양소와 함께 혈장에 녹아 간으로 이동한다.

혈액을 구성하고 있는 적혈구, 백혈구, 혈소판은 하나의 세포이며, 각자 수명이 있다. 적혈구는 4달쯤 살고, 혈소판은 1~2주일 산다. 백혈구는 종류에 따라 다른데 반나절 살다 죽기도 하고 1년 넘게 살기도 한다.

혈구들이 죽는다고 너무 걱정하지는 말자. 이들은 스펀지처럼 생긴 뼛속의 골수에서 다시 만들어지기 때문이다.

앞에서 알아보았듯이 혈액은 산소와 양분을 우리 몸 구석구석 날라 주는데, 이 혈액이 다니는 통로를 '혈관'이라고 한다. 즉 혈액이 산소와 양분을 나르는 화물차라면, 혈관은 고속도로라고 할 수 있다.

혈액형 발견!

A형, B형, O형, AB형. 이 네 가지 혈액형을 발견한 사람은 누구일까? 처음 혈액형을 발견한 사람은 면역학자이자 병리학자인 란트슈타이너이다. 그는 1901년, 혈액의 종류가 서로 다르다는 사실을 깨닫고, 사람의 혈액형을 A형, B형, C형(후에 O형으로 변경) 3가지로 분류했다고 한다.

▲란트슈타이너

그리고 1902년, 란트슈타이너의 제자인 드가스텔로와 스털 리가 AB형이라는 또 하나의 혈액형을 발견했다. 이로써 4가지 혈액형이 모두 발견됐다.

란트슈타이너는 안전한 수혈이 가능하도록 ABO식 혈액형계를 개발하여 많은 사람의 생명을 구했으며, 그 공로를 인정받아 1930년 노벨 생리학의학상을 받았다.

혈관은 동맥, 정맥, 모세혈관으로 이루어져 있다!

손바닥을 펼쳐 유심히 살펴보자. 자세히 보면 푸른빛이 나는 핏줄, 붉은빛이 나는 핏줄을 발견할 수 있다. 바로 혈액이 다니는 길인데, 이를 '혈관'이라고 한다.

혈관은 동맥, 정맥, 모세혈관으로 이루어져 있다. 동맥은 우리 몸의 엔진이라고 할 수 있는 '심장'에서 나온 혈액이 다니는 길이다. 동맥은 여러 갈래로 갈라져 모세혈관으로 이어진다.

모세혈관은 산소와 영양소를 세포에게 건네주고 이산화탄소와 찌꺼기를 받는다. 찌꺼기를 나르는 모세혈관은 다시 합쳐져 굵은 정맥으로 이어지고, 정맥을 흐르는 혈액은 심장으로 되돌아간다.

동맥은 두께가 굵고, 혈관 벽이 두껍고 탄력이 있어 심장이 혈액을 밀어낼 때 생기는 압력을 잘 견딜 수 있다. 반면 정맥을 흐르는 혈액은 흐름이 약해 거꾸로 흐를 수 있기 때문에 정맥에는 혈액이 거꾸로 흐르는 것을 막아 주는 '판막'이 있다. 모세혈관은 적혈구가 간신히 지날 정도로 가늘고 얇다.

▲혈관 구조

동맥을 흐르는 혈액은 산소가 많아 빨간 색을 띠지만, 정맥이 흐르는 혈액은 산소가 적어 검붉은 색을 띤다. 따라서 살갗 밑에 파랗게 보이는 혈관은 정맥이다.

우리 몸의 엔진인 심장은 사실 속이 비어 있는 근육 주머니인데, 쉬지 않

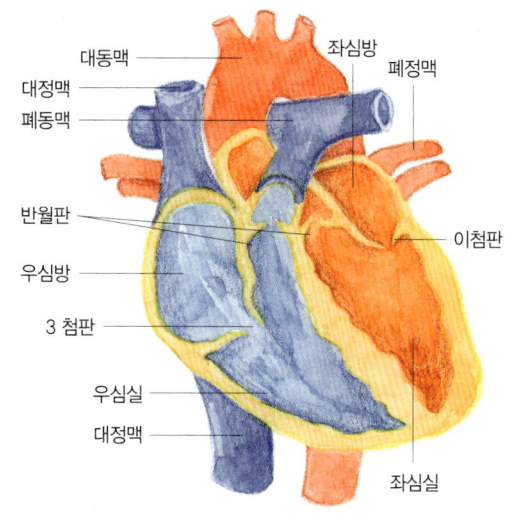
▲심장 구조

고 운동하여 혈액이 온몸을 돌 수 있도록 한다.

심장은 위쪽에 작은 방 2개, 아래쪽에 큰 방 2개를 갖고 있다. 위쪽의 작은 방을 '심방'이라 하고, 아래쪽의 큰 방을 '심실'이라 한다.

온몸을 돌고 온 혈액은 우심방에 모이는데, 심실 근육이 느슨해지면 우심방에 있던 혈액이 우심실로 들어간다. 심실이 다시 오므라들면 우심실에 있던 혈액은 폐(허파)로 가고, 폐로 간 혈액은 산소와 함께 좌심방으로 간다. 그리고 좌심방에서 좌심실로 들어온 혈액은 심실이 오므라들면 다시 온몸으로 나가게 된다.

결국 오른쪽 심장에 있던 혈액은 폐로 갔다가 산소와 함께 왼쪽 심장으로 되돌아오는데 이것을 '폐순환'이라 한다. 왼쪽 심장에 있던 산소가 많은 혈액은 온몸을 돌아 우심방으로 되돌아오는데 이것을 '체순환'이라 한다.

심장은 1초에 한 번쯤 오므라들었다가 느슨해지는 운동을 하는데 이것을 '박동'이라 한다. 가슴에 손을 얹어 심장 박동 소리를 들어 보자. 사실 심장 박동 소리는 심장이 뛰는 소리가 아니라 판막이 열리고 닫힐 때 규칙적으로 나는 소리다. 심장이 박동할 때, 판막은 열렸다 닫혔다 하면서 혈액이 거꾸로 흐르지 않도록 돕는데, 이때 나는 소리가 바로 심장 박동 소리다. 심장을 이루고 있는 근육은 죽을 때까지 쉬지 않고 일한다. 이렇게 심장 근육이 쉬지 않고 움직이기 위해서는 산소와 영양소가 필요한데, 심장 근육에 산소와 영양소를 공급하는 혈관을 '관상 동맥'이라 한다.

관상 동맥에 지방질이 끼면 혈관이 부분적으로 막히게 되고 동맥이 좁아진다. 동맥이 좁아지면, 심장 근육으로 혈액이 원활하게 들어가기 어렵다. 이러한 상황이 심해지면 가슴이 죄는 것 같은 아픔을 느끼게 되는데, 이것을 '협심증'이라 한다. 이렇게 좁아진 동맥이 아주 막히면 심장마비가 일어난다.

혈액이 심장에서 규칙적으로 밀려 나감에 따라 동맥은 규칙적으로 불룩해진다. 이것을 맥박이라 하는데, 맥박이 뛰는 속도는 심장의 박동 속도와 거의 같다.

동맥은 목이나 발목, 손목 부위의 살갗 바로 밑에 있는 뼈 위를 지나가기 때문에 이 부위에 손을 대면 맥박이 뛰는 것을 느낄 수 있다. 손목에 손을 갖다 대 보자. 그리고 맥박이 뛰는 것을 느껴 보자!

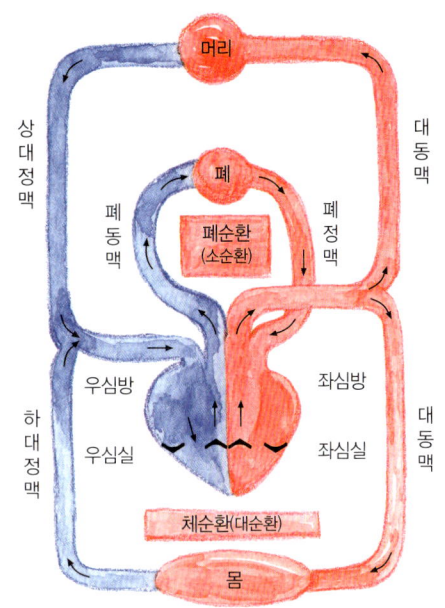
▲ 혈액 순환

누구나 하는 운동, 숨쉬기

이 세상에서 가장 쉬운 운동이 있다면 무엇일까? 바로 숨쉬기 운동이다. 우리가 자라고 움직이는 데 필요한 에너지를 얻도록 도와주는 산소를 우리 몸속으로 받아들이고, 이산화탄소를 뱉어 내는 게 바로 숨쉬기 운동이다. 이러한 숨쉬기 운동에 쓰이는 몸의 여러 부분을 '호흡계'라 한다. 코, 기관, 기관지, 허파가 호흡계에 속한다.

몸의 숨쉬기 운동은 갈비사이근(늑간근)과 가로막(횡격막)의 운동으로 이루

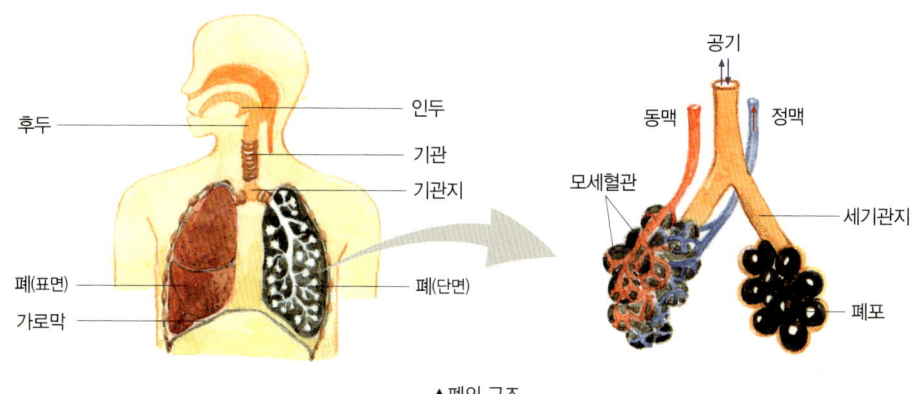

▲폐의 구조

어진다. 갈비뼈 사이에 있는 갈비사이근의 운동으로 갈비뼈가 올라가고 가로막이 내려가면 공기가 빨려 들어오면서 허파가 부푼다. 반대로 갈비뼈가 내려가고 가로막이 올라가면 공기가 빠져나가면서 허파가 원래의 크기로 되돌아온다.

허파는 '허파꽈리'라는 아주 작은 공기주머니로 되어 있다. 숨을 쉬면 공기 속에 들어 있던 산소가 허파꽈리 안쪽 벽을 지나서 혈액 속으로 들어가는데, 우리 몸을 이루고 있는 세포들은 이 산소를 이용하여 영양소를 분해하고 활동하는 데 필요한 에너지를 얻는다. 이 과정에서 이산화탄소가 나오는데 이것은 혈액에 실려 허파로 운반된 뒤 날숨으로 빠져나간다.

허파를 이루고 있는 세포들은 먼지나 연기에 쉽게 상처를 입는다. 그래서 이러한 이물질이 허파에 이르지 못하도록 안전장치를 해 두었는데, 끈적끈적한 액체와 아주 가는 털이 바로 그것이다.

성대

성대는 후두라는 곳에 붙어 있는 1쌍의 주름이다. 성대 사이의 넓은 틈으로 공기가 지나가면 소리가 나지 않지만, 성대를 팽팽하게 당겨 성대 사이의 틈을 좁게 하면 공기가 지나갈 때 성대가 떨려 소리가 나게 된다. 소리는 성대 사이의 틈과 내쉬는 공기의 세기에 따라 달라진다. 말을 많이 하거나 오랫동안 큰 소리를 지르면 성대가 붓는데 이 때 소리를 내면 쉰 소리가 나온다. 아마 친구들과 노래방에서 신나게 노래를 부른 다음 이런 증상을 겪은 일이 있었을 것이다. 이럴 때는 말을 줄이고 성대를 쉬게 하면 부기를 가라앉히는 데 도움이 된다.

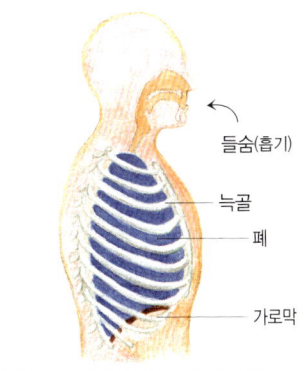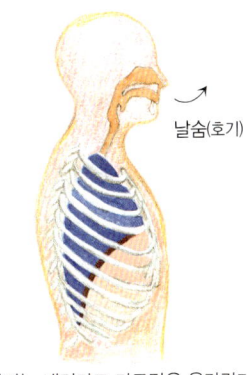

갈비뼈는 올라가고 가로막은 내려간다.　　갈비뼈는 내려가고 가로막은 올라간다.

▲ 호흡

　기침과 재채기는 공기가 들어가는 길에 있는 먼지와 세균을 씻어내는 데 도움을 준다. 기침을 하면 공기가 기관으로 밀려 올라가 입 밖으로 터져 나간다. 이때 세찬 공기가 성대*를 흔들어 콜록콜록 기침을 나게 하는 것이다. 재채기는 코로 공기를 내뿜어서 위쪽 공기 통로를 씻어 내준다.

말랑말랑한 뇌

우리 몸 상태에 맞는 호흡 속도는 누가 조절할까?
① 대뇌 ② 소뇌 ③ 중뇌 ④ 간뇌 ⑤ 연수

맛보기퀴즈

　비행기가 안전하게 날 수 있는 것은 조종실의 파일럿 덕분이다. 그렇다면 우리 몸을 조종하는 파일럿 역할을 하는 것은 무엇일까? 바로 '뇌'다.
　'맛있는 아이스크림을 먹을 테야!'라고 생각하고 느낄 수 있는 것은 그렇게 생각하고 느끼도록 뇌가 조종하기 때문이다. 또한 '3 더하기 4는 7!'과 같이 문제를 풀거나 운동장에서 뛰게 하는 것도 모두 뇌가 조종한 것이다.

머리 위쪽에 있는 뇌는 말랑말랑한 스펀지 같다. 조그마한 스펀지가 엄청난 양의 물을 빨아들이듯이, 뇌도 조그마한 머리 속에서 많은 일을 한다. 뇌가 어떠한 일을 하는지 부분별로 알아보자.

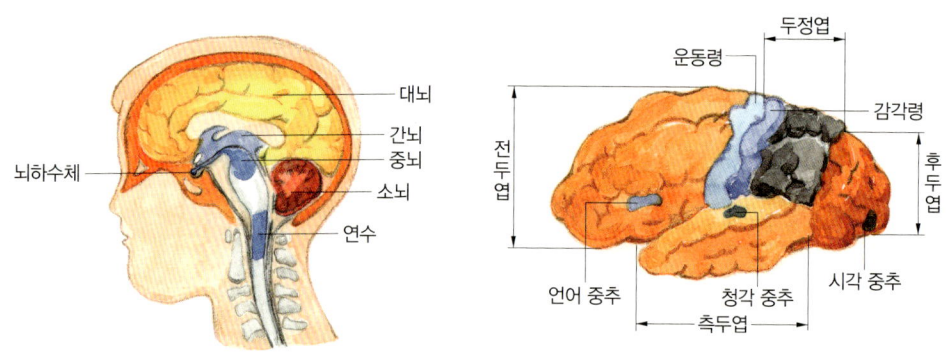

▲뇌의 구조

뇌는 대뇌, 소뇌, 간뇌, 중뇌, 연수로 되어 있다. 이 중에서 뇌의 대부분을 차지하는 것이 대뇌다. 대뇌는 생각하고, 판단하고 상상하는 등의 정신 활동을 하게 한다. 표면에 굵직하게 나 있는 몇몇 홈을 기준으로 앞쪽은 전두엽, 뒤쪽은 후두엽, 양옆은 측두엽으로 나뉜다.

소뇌는 몸의 위치나 평형을 조절하는 일을 한다. 그래서 소뇌를 다치면 몸을 제대로 가누지 못할 수도 있다.

대뇌와 소뇌 사이에는 간뇌가 있다. 간뇌의 대부분은 시상이 차지하고 있는데, 시상은 감각 기관에서 보낸 정보를 대뇌의 감각 중추에 나누어 주는 일을 한다. 시상 밑에 자리 잡은 시상하부는 체온과 혈액의 포도당 농도 및 자율 신경계를 조절한다.

중뇌는 눈의 운동을 돕는다. 홍채*가 커졌다 작아졌다 할 수 있는 것은 바로 중뇌 덕분이다. 또한 중뇌는 시상하부와 함께 호르몬을 분비하여 체온 및 식욕을 조절한다. 만약 중뇌가 없었다면 우리는 배부른지도 모르고 막 먹어 대다가 배가 '빵!' 하고 터져 버릴 수도 있다.

연수는 심장 박동, 호흡 운동, 소화 등과 같이 생명 유지에 꼭 필요한 활동을 맡고 있다.

척추 속에 들어 있는 척수는 몸의 중추 신경 다발이다. 피부 감각기에서 나온 신호와 뇌에서 보내는 명령은 모두 척수를 타고 이동한다.

뜨거운 냄비를 만졌을 때, "앗 뜨거워!" 하며 반사적으로 냄비에서 손을 뗄 수 있는 것은 바로 척수 덕분이다. 이처럼 척수는 '반사 행동'을 하게 함으로써 위험한 상황으로부터 몸을 보호한다.

홍채
안구의 각막과 수정체 사이에 있는 둥근 모양의 얇은 막. 막의 중앙에 동공이 있으며, 홍채의 신축으로 동공이 축소되거나 확대되어 안구에 들어오는 빛의 양을 조절한다.

한편 뇌와 척수를 중추 신경계라 하고, 온몸에 퍼져 있는 신경을 말초 신경계라 한다. 말초 신경계는 자율 신경계와 체성 신경계가 있다.

우리는 굳이 '숨을 쉬어야겠다.'고 생각하지 않아도 숨을 쉴 수 있다. 이처럼 무의식적인 작용이 우리 몸 여러 군데에서 일어나고 있다. 이러한 일이 가능한 것은 자율 신경계 덕분이다. 뇌 아랫부분에 있는 간뇌와 중뇌, 연수와 척수가 자율신경계와 연결되어 우리 몸이 하루 24시간 원활히 움직이도록 돕는다. 자율 신경계

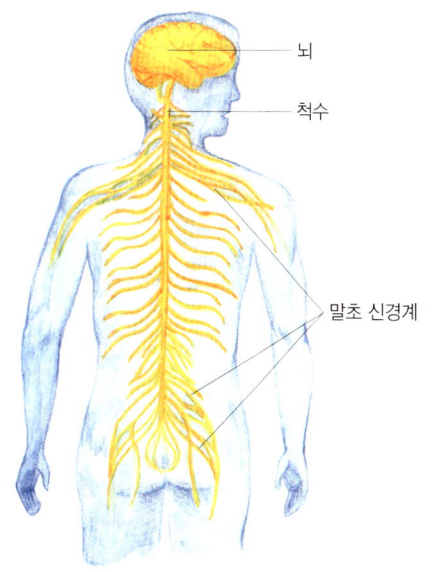
▲신경계

는 기능에 따라 교감 신경계와 부교감 신경계로 나뉜다.

체성 신경계는 사람의 의지로 조절 가능한 대뇌의 지배를 받으며, 감각 신경과 운동 신경으로 나뉜다.

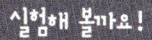 ## 맥박을 눈으로 보자

손목에 있는 동맥의 진동으로 관찰해 보자.

 준비물

고무찰흙, 진주핀

탐구 순서

① 진주핀을 고무찰흙에 꽂고, 고무찰흙 아래쪽을 납작하게 만든다.
② 손바닥을 위쪽으로 해서 손을 책상 위에 얹는다.

※ 진주핀 대신에 성냥개비를 사용해도 좋다

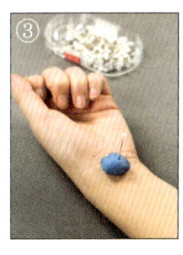

③ 찰흙을 손목에 놓고, 엄지손가락 주변으로 움직여 보면서 진주핀이 위 아래로 움직이는 위치를 찾는다. 1분 동안 진주핀이 진동한 횟수를 재 보고 줄넘기를 1분 정도 한 다음 1분 동안 진주핀이 진동한 횟수를 재 본다.

실험 결과

줄넘기를 하면 줄넘기를 하기 전보다 심장 박동이 빨라진다. 심장 박동이 빨라지면 심장으로부터 혈액이 더 자주 내보내지기 때문에 맥박이 빨라지고 그 결과 진주핀의 진동 횟수가 많아진다. 줄넘기와 같은 운동을 하면 산소와 영양분이 평소보다 더 많이 필요하다. 그래서 산소를 공급하기 위해 심장 박동이 빨라진다.

생각 나누기

· 줄넘기를 하기 전과 하고 난 다음 진주핀이 진동한 횟수가 다른 이유는 무엇일까?

CHAPTER 05
-P.069 PHOTOGRAPH

SADARI SCIENCE
CHAPTER 05 PHOTOGRAPH

Chapter 05

햄버거를 먹으면 숲이 사라진다?

햄버거를 먹으면 숲이 사라진다?

▲햄버거

모두 외출한 주말 오후, 늦잠을 자고 일어났더니 배가 출출하다! 뭐 간단히 먹을 게 없을까? 냉장고도 뒤져 보고, 서랍도 뒤져 보지만 마땅히 먹을 만한 게 없다. 이때 머릿속에 '반짝' 하고 지나가는 게 있었으니, 바로 햄버거!

햄버거는 미국의 대표 음식 중의 하나로, 둥근 빵을 앞뒤로 놓고 사이사이에 야채나 고기 등을 넣어 만든다. 그렇다면 햄버거는 어떻게 탄생하게 됐을까?

햄버거의 처음 모습이라 할 수 있는 햄버거 스테이크는 1850년 독일 이민자들이 미국으로 들여 온 것이다. 이때까지만 해도 햄버거는 독일 이민자들이 고향의 맛이 그리워 먹는 음식에 불과했다. 그런데 1904년, 세인트루이스

박람회에서 둥근 빵에 햄버거 스테이크를 끼워 만든 지금의 햄버거가 등장했고, 그 이후로 햄버거는 미국의 대표 음식이 되었다.

햄버거는 맥도널드와 같은 프랜차이즈 기업이 나타나면서 전 세계로 퍼져 나갔다. 오늘날 맥도널드는 120개국에 약 1만 8천 개의 매장을 가지고 있다고 한다.

한편 햄버거에 관한 충격적인 영화가 2004년에 발표되었다. 〈슈퍼사이즈 미〉란 영화인데, 햄버거와 같은 패스트푸드가 건강에 해롭다는 것을 알리기 위해 만든 영화다.

그런데 햄버거를 많이 먹으면, 건강뿐 아니라 지구 생태계도 나빠진다고 한다. 햄버거와 생태계가 어떤 관계이기에 햄버거를 많이 먹으면 지구 생태계가 파괴되는 것일까?

생태계 속, 먹고 먹히는 관계!

지구에 살고 있는 모든 생물은 다른 생물과 조화를 이루며 살아간다. 또한 빛, 물, 온도, 공기, 흙과 같은 주변 환경에 영향을 받기도 하고, 또 영향을 주기도 한다.

이처럼 어떤 지역에 살고 있는 다양한 생물과 그 주변 환경이 이루고 있는 체계를 생태계라 한다. 호수나 바다, 산호초, 사막, 열대 우림*, 사바나*, 툰드라* 등이 모두 생태계의 예이다.

생태계에서 식물은 물과 이산화탄소 같은 무기물을 받아들여 포도당이나 녹말 같은 유기물을 생산하는 생산자의 역할

열대 우림
1년 내내 기온이 높고 비가 많은 적도 부근의 열대 지방에서 볼 수 있는 삼림이다.

사바나
열대나 아열대 초원. 큰키나무와 작은키나무가 흩어져 있고 건기가 뚜렷하게 구별된다는 점이 특징이다.

툰드라
북극해 주변에 있는 넓은 벌판. 일년 중 대부분은 눈과 얼음으로 덮여 있고, 짧은 여름 동안만 땅의 일부가 녹아서 이끼나 지의류가 자란다.

 ▲사바나  ▲열대 우림  ▲툰드라

을 한다. 이렇게 식물이 만든 유기물은 초식 동물의 먹이가 된다. 그리고 초식 동물은 다시 육식 동물의 먹이가 된다. 초식 동물이나 육식 동물처럼 먹이를 먹고 사는 생물을 '소비자'라 한다.

소비자에는 식물을 먹고 사는 1차 소비자, 1차 소비자를 먹고 사는 2차 소비자, 2차 소비자를 먹고 사는 3차 소비자, 그리고 마지막 소비자인 최종 소비자가 있다.

생산자인 식물이나 소비자인 동물이 죽으면, 곰팡이나 세균 같은 아주 작은 생물이 죽은 생물을 분해하여, 다시 물이나 이산화탄소, 질소, 인 같은 무기물로 만든다. 이처럼 생산자와 소비자의 죽은 몸을 분해하는 생물을 '분해자'라 한다. 만약 분해자가 없다면 생산자와 소비자가 죽은 뒤 썩지 않아 지구는 동물이나 식물의 시체로 가득 차게 될 것이다. 그리고 흙에 거름이 부족해져서 식물도 자라지 못할 것이다.

생태계 속 생물 사이의 먹고 먹히는 관계는 마치 사슬처럼 연결되어 있다. 그래서 이것을 '먹이 사슬'이라 한다.

먹이 사슬은 항상 식물에서 출발한다. 예를 들어 생산자인 풀은 1차 소비자인 메뚜기의 먹이가 되고, 메뚜기는 2차 소비자인 개구리의 먹이가 되며, 개구리는 3차 소비자인 뱀의 먹이가 된다. 그리고 최종 소비자인 부엉이를 끝으로 먹이 사슬이 끝난다.

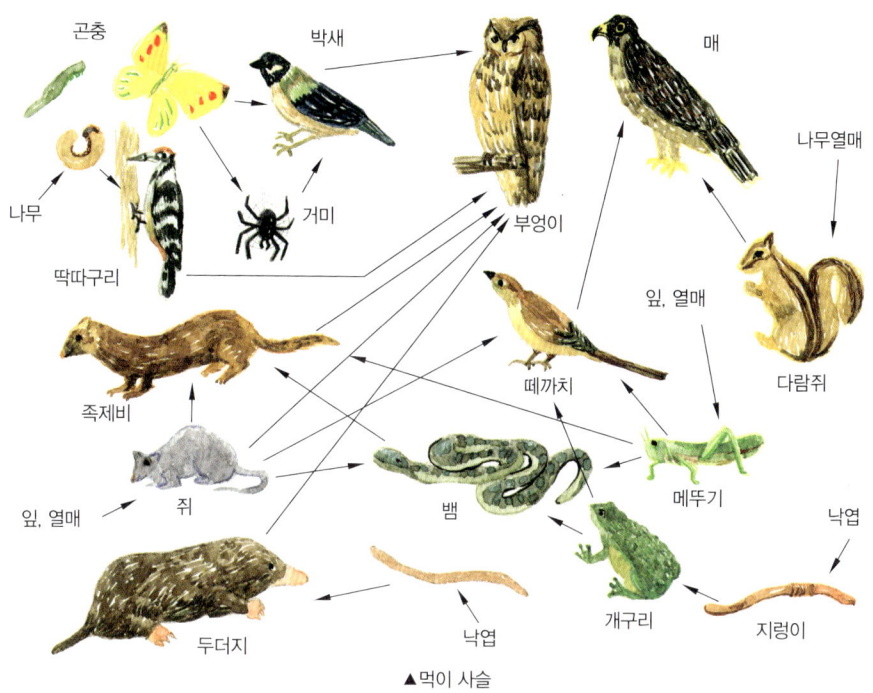

▲먹이 사슬

▲먹이 피라미드

그런데 실제 자연에서는 개구리가 메뚜기만 먹는 것이 아니라 지렁이도 먹고 잠자리도 먹는다. 이처럼 생태계에서 여러 종류의 생물 사이에서 먹고 먹히는 관계는 복잡하여 먹이 그물을 이룬다.

먹이 사슬 단계에 따라 아래쪽에 생산자를 두고 위로 올라가면서 1차 소비자, 2차 소비자, 3차 소비자, 최종 소비자의 수를 표시해 보면 위로 올라갈수록 개채수가 적어지는 피라미드 모양이 된다. 이처럼 먹이 사슬 단계에 따른 생물의 수를 나타낸 것을 '먹이 피라미드'라고 한다.

햄버거와 생태계의 관계?

맛보기퀴즈

초원에 늑대가 없어지면 초원은 어떻게 될까?
① 풀이 무성하게 잘 자란다.
② 풀이 자라지 못해 거친 땅이 된다.

생태계 속을 들여다보면 그 속에서 살고 있는 생물의 종류와 수가 크게 변하지 않고 전체적으로 안정된 상태를 유지하는 경우가 많다. 이와 같은 상태는 주로 먹이 사슬에 의해 이루어진다.

예를 들어, 어떤 지역에 비가 적당히 오고, 따뜻하여 식물이 잘 자라면 그것을 먹는 초식 동물의 수가 늘어난다. 그러면 초식 동물을 먹이로 하는 육식 동물의 수도 늘어난다. 그런데 1차 소비자인 초식 동물이 늘어나면 초식 동물의 먹이가 되는 식물이 부족하게 된다. 결국 먹이가 부족한 초식 동물의 수는 다시 줄어든다.

이처럼 하나의 생태계 안에서 생물의 종류나 그 수는 항상 일정한 수준을 유지하는 것이 보통인데, 이것을 '생태계의 평형'이라고 한다.

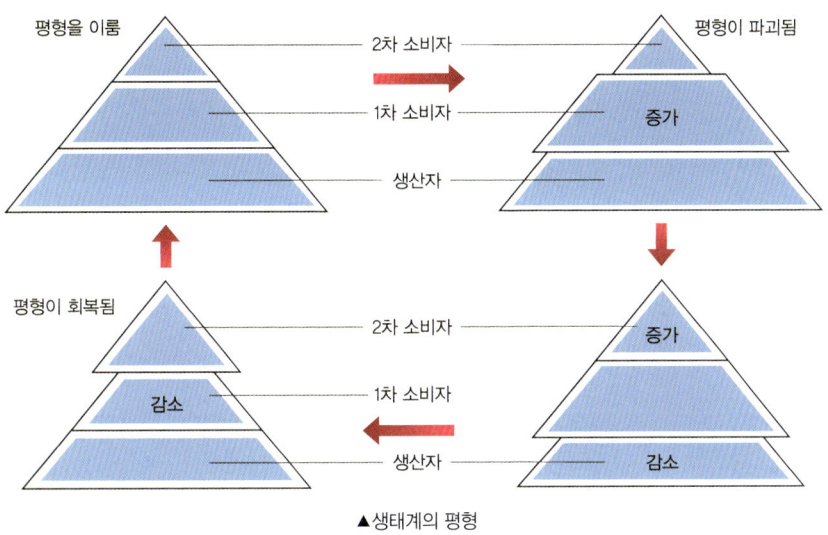

▲생태계의 평형

생태계의 평형은 가뭄이나 홍수, 산사태, 산불 같은 자연재해 때문에 깨지기도 하고, 공장의 폐수, 대기 오염, 농약 사용, 토목 공사, 벌목, 무분별한 사냥 같이 사람이 벌인 일 때문에 깨지기도 한다.

자연재해에 의한 생태계의 붕괴는 일시적인 것이기 때문에 대부분 얼마 지난 후에 다시 회복된다. 그러나 사람에 의해 파괴된 생태계는 회복이 불가능한 경우가 많다.

우리가 흔히 먹는 햄버거도 생태계를 파괴하는 한 원인이 된다고 한다. 햄버거의 중요한 재료는 햄버거 스테이크인데, 햄버거 스테이크는 보통 소고기로 만든다. 그래서 햄버거를 만들기 위해서는 소를 키워야 하고, 소를 키우기 위해서는 목초지*가 필요하다.

따라서 햄버거를 많이 먹으면 먹을수록, 소를 더욱 많이 키워야 한다. 이 때문에 매년 남한 땅 크기의 목초지가 소의

목초지
소나 말, 양과 같은 가축의 먹이가 되는 풀이 자라고 있는 곳

방목으로 인해 사막화되고 있다고 한다.

또 부족한 목초지를 만들기 위해 아마존 같은 열대 우림을 자르고 태워 목초지로 만들고 있는데, 이렇게 사라진 숲은 지구의 온도를 높이는 데 한 몫한다고 한다. 이러한 지구 온난화로 지구 곳곳에서는 이상한 기상 현상이 나타나고 있다. 특히 투발루나 몰디브 같은 섬나라는 지구 온난화로 바닷물의 높이가 높아져 점점 잠기고 있다고 한다.

▲투발루

▲몰디브

바이오스피어Ⅱ

바이오스피어Ⅱ는 외부와 단절된 인공 생태계 실험장으로, 미국 애리조나 주 남부 오라클에 있다.
거대한 유리 온실로 되어 있는 이곳은 바다, 열대 우림, 습지, 사막, 농경지, 초원, 인간의 거주지 등 7가지 자연 생태계로 이루어져 있다. 바이오스피어라는 말은 '생태계' 또는 '생태계로써의 지구'를 뜻하는 말인데, 또 하나의 인공 지구 또는 인공 생태계를 만들어 보려는 뜻에서 바이오스피어Ⅱ라는 이름이 붙었다.

▲바이오스피어Ⅱ

처음엔 바이오스피어Ⅱ 속에서 과연 사람이 살 수 있는가를 연구했는데 이를 위해 이 실험에 참가한 8명은 1991년 9월부터 바이오스피어Ⅱ 속에서 외부와 완전히 단절된 채 농사를 지으며 생활했다.

그런데 농사용 흙 속에 들어 있는 아주 많은 유기물에서 박테리아가 늘어나기 시작했고, 이로 인해 산소가 부족해지기 시작했다. 건물 콘크리트 벽도 산소를 흡수하기만 할 뿐 방출하지 않아, 처음 21%였던 산소 농도가 14%로 떨어졌다.

늘어난 이산화탄소와 질소 때문에 잡초가 통제할 수 없을 만큼 자랐으며, 25종의 작은 동물 가운데 19종이 완전히 사라지고 말았다. 결국 바퀴벌레와 개미 등 몇몇 곤충들만 번성하게 됐다. 꽃가루받이를 해 줄 곤충이 사라지자 식물들도 번식할 수 없게 되었고 결국 이 실험에 참가한 사람들은 18개월 만에 실험을 중단할 수밖에 없었다. 바이오스피어Ⅱ는 현재 관광지로 활용되고 있다고 한다.

몸속에서 절대 빠져나가지 않는 독!

> **맛보기 퀴즈**
>
> '이타이 이타이'는 무슨 뜻일까?
> ① 아프다, 아프다. ② 안녕, 안녕 ③ 미안, 미안
> ④ 웃기다, 웃기다 ⑤ 슬프다, 슬프다.

DDT는 농작물에 피해를 주는 해충이나 사람에게 여러 가지 피해를 주는 모기와 벼룩 같은 곤충을 죽이는 데 아주 효과적인 살충제다. 이러한 효과가 알려지면서 DDT는 2차 세계 대전 때부터 주로 쓰이는 살충제가 되었다.

그런데 해충을 죽이기 위해 DDT를 뿌린 지역에서 이상한 일들이 벌어졌다. 보르네오 섬*에서 말라리아*를 일으키는 모기를 없애기 위해 많은 양의 DDT를 뿌렸는데, 말라리아

보르네오 섬
세계에서 3번째로 큰 섬. 북부는 말레이시아에, 남부는 인도네시아에 속한다. 고온 다습하여 대부분이 밀림으로 덮여 있다.

말라리아
말라리아 병원충을 가지고 있는 모기에게 물렸을 때 생기는 전염병이다. 이 병에 걸리면 갑자기 체온이 높아지고, 설사, 구토, 발작을 일으키며, 빈혈 증상을 보인다. 학질이라고도 한다.

발진 티푸스
리케차라 부르는 병원체 때문에 생기는 병이다. '이'가 이 병을 옮기는데 이 병에 걸리면 몸이 오슬오슬 춥고, 40℃ 내외의 고열이 계속되어 의식을 잃으며, 온몸에 붉고 작은 좁쌀 같은 것이 돋는다.

를 일으키는 모기는 줄었지만, 발진 티푸스*가 크게 번지는 일이 생기고 만 것이다. 왜 이런 일이 생긴 걸까?

근본적인 원인은 DDT에 있었다. 모기를 없애기 위해 뿌린 DDT가 움막 속에 살던 바퀴벌레에 흡수되었고, 바퀴벌레를 잡아먹는 도마뱀 몸에 DDT가 쌓였다. DDT 때문에 행동이 둔해진 고양이는 도마뱀을 쉽게 잡아먹을 수 있었다. 그 결과 고양이 몸속에는 많은 양의 DDT가 쌓였고, 많은 고양이가 목숨을 잃었다.

고양이 수가 줄어들자 숲 속에 살던 들쥐들이 논밭을 마구 파헤치고, 농작물을 습격하여 사람에게 큰 피해를 주었는데, 이때 쥐 몸에 붙어살던 '이' 때문에 발진 티푸스란 전염병이 크게 번진 것이다.

한 번 뿌린 DDT는 사라지지 않는다. 해충을 죽이기 위해 DDT를 뿌리면 주변에 있는 다른 곤충의 몸에 쌓이게 된다. 곤충 한 마리에 쌓인 DDT의 양은 얼마 되지 않기 때문에 이때 곤충은 별다른 이상을 보이지 않는다. 그렇지만 새나 물고기는 오랫동안 이 곤충을 먹고 살기 때문에 DDT가 몸속에 많이 쌓이게 되어 DDT의 독성으로 죽게 된다. 그래서 DDT는 1960년대에 이르러 살충제로써의 가치가 줄어들었고, 미국은 1972년부터 사용을 제한하고 있다.

DDT처럼 생태계로 들어온 독성 유기 화합물이나 중금속은 생물 몸속으로 들어가면 쉽게 분해되지 않는다. 또한 몸 밖으로 배출하는 데 오랜 시간이 필요하거나 아예 배출되지 않는다. 그래서 이러한 물질은 먹이 사슬을 따라 다음 단계의 생물로 이동하게 되는데 상위 단계로 갈수록 생물 몸속에 쌓이는 양이 많아진다. DDT나 중금속 같은 물질이 먹이 사슬을 따라 생물 몸속에 점차 농축되는 과정을 '생물 농축'이라 한다.

생물 농축의 피해가 DDT에서만 발견되는 것은 아니다. 우리나라와 이웃한 일본에서는 중금속에 의한 생물 농축 피해가 있었다.

일본 구마모토 지방의 미나마타 시에 사는 어민들은 1953년부터 이상한 질병에 시달렸다. 신경이 마비되어 손발이 저리기 시작하는 병이었는데, 점차 말을 잘 못하게 되고 시력, 청력 같은 감각 능력이 사라지며, 제대로 걷지 못하다가 결국 죽음에 이르게 되는 병이었다.

이 질병은 미나마타 시에서 처음 보고됐기 때문에 미나마타병이라 불린다. 이 질병의 원인은 '수은'이었다. 주변 공장에서 배출된 메틸수은이 먹이 사슬을 통해 어류나 조개류에 농축되고, 이것을 먹은 어민이 수은에 중독돼 이 병에 걸리게 된 것이다.

1910대 후반부터 일본 도야마현 주민들은 허리, 팔, 다리의 뼈마디가 아프다며 병원을 찾기 시작했다. 50년이 지나도록 어느 의사도 원인불명이라는 말 외에는 시원한 답을 주지 못했다. 1968년 드디어 일본 정부는 '카드뮴에 의해 뼈 속 칼슘분이 녹아 신장 장애와 골연화증이 일어난 것'이라고 공식발표 했다. 이 병은 1945년 일본의 도야마현 진즈강 상류 지역에 위치한 미쓰이 금속 주식회사 광업소에서 선광, 정련 공정에서 버려진 폐광

석에 함유된 카드뮴이 진즈강에 흘러내려와 농작물, 폐어류, 상수원을 오염시켜 '이타이 이타이 병'을 발생시켰다고 공식발표했다.

이 병에 걸린 사람들에게는 요통이나 근육통이 나타났는데 수년이 지난 다음에 이들은 걸을 수 없게 되었고 몸을 조금만 움직이거나 기침을 해도 뼈가 부러지는 증상이 나타났다. 이들은 우리말의 '아프다 아프다'에 해당하는 일본말 '이타이 이타이'를 외치며 고통을 호소하였다고 한다. 여기서 '이타이 이타이'란 병 이름이 지어졌다.

침묵의 봄, 레이첼 카슨

위험성이 알려지기 전까지 DDT는 '기적의 살충제'로 주목받았다. 스위스의 과학자 헤르만 뮐러는 DDT가 강한 살충 효과를 갖고 있는 것을 밝혀 1948년 노벨 생리의학상을 타기도 했다.

그런데 미국의 해양 생물학자 레이첼 카슨(1907~1964)이 DDT를 비롯한 합성 살충제가 동물이나 식물뿐만 아니라 사람에게도 매우 해롭

▲레이첼 카슨

는 것을 밝혀냈다. 또한 DDT를 비롯한 합성 살충제의 위험을 알리기 위해 1962년, 《침묵의 봄》을 출간했다. '침묵의 봄'이란 봄이 와도 꽃이 피지 않고 새들이 지저귀지 않는 위기 상황을 표현한 것이다.

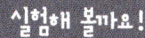 ## 산성비와 식물

산성비가 식물에 미치는 영향을 알아보자.

준비물
작고 건강한 같은 종류의 식물이 있는 3개의 화분, 식초, 물, 비커, 네임 펜, 종이

탐구 순서

① 첫 번째 비커에 물을 160 mL 붓고, 화분에 '수돗물'이라고 적는다.

② 두 번째 비커에 식초 10 mL 와 물 150 mL 을 붓고 섞어 준다. 화분에 '묽은 식초'라고 쓴다.

③ 세 번째 비커에 식초 40 mL 와 물 120 mL 을 붓고 섞어 준다. 화분에 '진한 식초'라고 쓴다.

④ 세 개의 화분을 같은 장소에 놓고 첫 번째 화분에는 수돗물을, 두 번째 화분에는 묽은 식초를, 세 번째 화분에는 진한 식초를 하루에 2~4번 준다.

※ 주의 : 세 화분에 주는 물의 양은 같아야 한다.

매일 식물의 상태를 확인하고 식물의 모습을 기록한다. 식물의 상태를 관찰할 때는 건강 상태, 잎의 색깔, 떨어진 잎의 수 같은 것에 주의를 기울여야 한다.

실험 결과

시간이 지날수록 식물의 상태는 차이가 난다. 진한 식초를 준 화분은 얼마 지나지 않아 잎의 색깔이 변하고 결국 죽고 만다. 묽은 식초를 준 화분도 점차 시간이 지나면 진한 식초를 준 식물처럼 죽는다.

생각 나누기

· 화분의 상태와 산성비는 어떤 관계가 있을까?

CHAPTER 06
-P.083 PHOTOGRAPH

SADARI SCIENCE
CHAPTER 06 PHOTOGRAPH

Chapter 06

정체를 밝혀라!

정체를 밝혀라!

▲ 울산 대곡리 반구대 암각화

   암각화는 바위에 새긴 그림을 말한다. 문자가 없었던 선사 시대 우리 조상들은 커다란 바위와 같은 성스러운 장소에 그림을 새겨, 자신이 원하는 바를 빌었다고 한다.

   울산 반구대 암각화는 우리나라의 대표적인 암각화로, 높이는 3m이고, 너비는 10m인 절벽 암반에 새긴 바위그림이다. 이 바위에는 사냥하는 장면, 육지 동물과 바다 동물 등 전체 75종류의 그림이 약 200여 점 정도 새겨져 있다.

   사냥하는 장면은 탈을 쓴 무당, 짐승을 사냥하는 사냥꾼, 배를 타고 고래를 잡는 어부 등의 모습이 그려져 있고, 그물이나 배의 모습도 그려져 있다.

이러한 모습은 선사 시대 사람들이 사냥 활동이 원활하게 이루어지길 기원하며, 사냥감이 풍성해지길 바라는 마음을 표현한 것이라고 한다.

육지에 사는 동물로는 호랑이, 멧돼지, 사슴, 염소 등이 묘사되어 있고, 호랑이는 함정에 빠진 모습과 새끼를 밴 호랑이의 모습 등으로, 멧돼지는 짝짓기 하는 모습, 사슴은 새끼를 거느리거나 밴 모습 등으로 표현되어 있다.

바다에 사는 동물로는 고래, 물개, 거북 등이 묘사되어 있는데, 특히 고래는 새끼를 밴 모습, 새끼를 데리고 다니는 모습, 작살에 맞은 모습 등으로 표현되었다.

그런데 고래, 물개, 거북처럼 바다에 사는 동물들은 모두 물고기라고 할 수 있을까?

물속에서 호흡하며 사는 물고기

맛보기 퀴즈

다음 중 서로 비슷한 종류를 두 가지 고른다면 무엇일까?

① 대구   ② 물뱀   ③ 지렁이

육지에 사는 동물들은 공기 중에 있는 산소로 숨을 쉬며 살아가지만 물고기는 물에 녹아 있는 산소로 아가미 호흡을 하며 살아간다. 아가미는 수많은 모세 혈관(가는혈관)으로 이루어져 있다. 이는 물과 닿는 면적을 넓게 하여 물속에 녹아 있는 산소를 잘 흡수하기 위한 것이다. 또한 물고기 몸 옆에 있는 옆줄은 물의 흐름과 압력, 온도 등을 느낄 수 있도록 도와준다. 물고기는 숨을 쉴 때 입과 아가미 덮개를 번갈아 여닫는다. 아가미 덮개를 닫고 입으로 물을 마셔서 물속에 녹아 있는 산소를 받아들이고 입을 닫으면서 아가미 덮개를 열고 물과 함께 몸속의 이산화탄소를 내보낸다. 그래서 물고기들은 물 밖으로 나오면 공기 중의 산소를 받아들이지 못해 죽고 만다. 물속은 공기 중보다 산소량이 적기 때문에 부족한 산소를 다른 방법으로 채우는 물고기도 있다.

대부분 물고기는 몸이 유선형이고 미끈한 비늘로 덮여 있어 물의 저항을 적게 받는다. 물고기는 일생 동안 물속에서 생활하며 아가미로 숨을 쉬고 지느러미로 헤엄치면서 작은 생물이나 유기물을 먹고 사는 등뼈를 가지고 있는 동물이다. 물고기를 다른 말로 어류라고도 부른다. 한편 부레가 허파 역할을 해서 폐 호흡과 아가미 호흡을 함께하는 폐어도 있다. 보통 물속에서 생활하지만 물이 마르면 개펄 속으로 들어가 폐 호흡을 한다. 이외에도 미꾸라지와 같이 부분적으로 창자나 피부로 호흡하는 종류도 있다.

그럼 맛보기 퀴즈로 돌아가 보자. 퀴즈의 정답은 하나가 아니라 보는 관점에 따라 달라질 수 있다. 생김새만 본다면 뱀과 지렁이가 서로 비슷한 점이 많다. 뱀과 지렁이 둘 다 몸이 길쭉하게 생겼고, 다리가 없어서 땅에서 기어 다닌다. 하지만 X-ray로 찍어 보면 큰 차이가 있다.

물고기와 뱀은 등뼈를 가지고 있지만, 지렁이는 등뼈가 없다. 물고기, 뱀과 같이 등뼈를 가진 동물을 척추동물이라 하고, 지렁이와 같이 등뼈가 없는 동물은 무척추동물* 이라고 한다. 그리고 척추동물은 크게 어류와 양서류, 파충류, 조류, 포유류로 나뉜다.

무척추동물
무척추동물은 몸을 지탱하기 위해 척추 대신 다른 형태의 골격을 이용하기도 하고 아예 골격 없이 생활하기도 한다. 특히 골격이 없는 동물은 몸의 형태를 유지하기 편리한 물속에서 생활하는 경우가 많다.

▲ 물고기 x-ray

▲ 뱀 x-ray

곤충

파리나 나비, 개미, 벌과 같은 곤충은 등뼈가 없는 무척추동물이다. 뼈가 없는 대신 몸 바깥을 감싸고 있는 '외골격'에 근육과 몸의 내부 장기가 고정되어 있다. 이렇게 근육이 외골격에 고정되어 있어서 곤충은 힘을 낼 수 있다. 곤충의 골격은 피부 역할도 하는데, 갑옷처럼 굵히거나, 외부의 충격으로부터 자신을 보호하는 역할을 한다. 특히 땅에 사는 곤충들에게 외골격은 몸 안의 수분을 유지시켜 주고, 비가 올 때 젖지 않게 해 준다.

곤충은 자라면서 모양을 바꾸는데, 이것을 '탈바꿈'이라고 한다. 나비는 알에서 부화하여 애벌레(유충)로 살다가 번데기로 변하고 곧 어른벌레인 나비(성충)가 되어 날아다닌다. 나비와 같이 탈바꿈하는 것을 '완전 탈바꿈'이라고 한다. 반면 메뚜기나 사마귀, 하루살이는 번데기 시절을 거치지 않고 탈바꿈하는데, 이러한 탈바꿈을 '불완전 탈바꿈'이라고 한다.

곤충의 몸은 머리, 가슴, 배 3부분으로 나뉘는데, 다리는 3쌍으로 6개다. 우리가 보통 곤충이라고 착각하기 쉬운 거미의 몸은 머리가슴과 배 2부분으로 나뉘는데, 다리가 4쌍으로 8개이다. 또한 탈바꿈하지 않으며, 곤충류와는 구별된다.

양서류와 파충류의 차이는?

맛보기 퀴즈

오른쪽 사진은 개구리가 파리를 잡아먹는 장면을 순간 포착한 것이다. 곤충을 잡아먹는 개구리와 가장 가까운 동물은?
① 도롱뇽 ② 이구아나 ③ 도마뱀 ④ 거북 ⑤ 악어

▲파리 잡아먹는 개구리

"개울가에 올챙이 한 마리 꼬물꼬물 헤엄치다~ 뒷다리가 쏙~ 앞다리가 쏙~ 팔딱팔딱 개구리 됐네~"

올챙이송 가사처럼 개구리는 곤충과 마찬가지로 탈바꿈하는 동물이다. 개구리 알은 공기 중에서는 빨리 마르기 때문에 물속에서 알을 낳아 체외 수정을 한다.

올챙이 시절에는 물속에서 아가미 호흡을 하며 생활한다. 하지만 점점 자라면서 육지 생활에 적합하도록 변한다. 꼬리 대신 뒷다리와 앞다리가 생겨나고, 아가미 대신 허파가 생기면서 마침내 개구리로 탈바꿈한다.

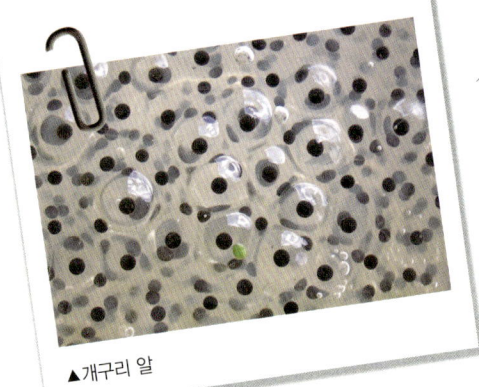
▲개구리 알

개구리와 같이 물과 육지 두 곳에서 사는 동물을 '양서류'라고 하며 우리말로는 '물뭍 동물'이라고도 한다.

양서류는 물에서 육지로 올라오는 중간 단계의 생물이다. 어릴 때에는 아가미로 호흡을 하면서 물에서 살고, 어른이 되면 폐로 공기 호흡을 하거나 피부 호흡을 하며 주로 육지에 산다. 이러한 양서류에는 개구리를 비롯하여 도롱뇽, 두꺼비 등 세계적으로 약 3,000종이 있다.

▲개구리　　　　　　▲도롱뇽　　　　　　▲두꺼비

애완동물로 우리 주위에서 종종 볼 수 있는 이구아나, 도마뱀, 거북, 악어 등은 양서류보다 육상 생활에 잘 적응한 동물이다. 이를 '파충류'라고 한다.

파충류는 폐 호흡을 하는데, 몸은 딱딱한 비늘로 덮여 있고 체내 수정을 하며, 대부분 알을 낳는다. 파충류의 알껍데기는 새의 알에 비해 부드럽고 가죽과 비슷하다.

▲도마뱀　　　　　　▲거북　　　　　　▲악어

어류와 양서류는 물속에 알을 낳기 때문에 알이 마를 일이 없고, 파충류는 육지에 알을 낳기 때문에 알이 마를 염려가 있지만 알껍데기는 단단한 껍질에 싸여 있어 육지에서도 마르지 않는다.

개구리나 뱀과 같은 양서류와 파충류들은 기온의 변화에 따라 체온이 변하기 때문에 변온 동물이라고 한다. 변온 동물들은 추운 겨울철에는 추위를

▲ 곰

정온 동물
사람들과 같이 체온을 일정하게 유지하는 동물들을 항온 동물 또는 정온 동물이라고 한다.

피해 땅속 깊이 숨어 겨울잠을 잔다. 그래서 겨울에는 개구리와 뱀을 볼 수 없다.

정온 동물* 중에도 곰이나 다람쥐 같은 동물들은 추운 겨울 동안에 겨울잠을 자기도 한다. 가을에 다람쥐는 체내에 지방을 축적하기 위하여 닥치는 대로 먹는다. 그러고 나서 나무뿌리나 울창한 관목 속에 있는 겨울 둥지에 들어간다. 이때 몇 분에 한 번 정도로 심장 박동이 느려지고 호흡도 느려진다고 한다. 체온도 주변 기온보다 조금 높은 정도로 떨어진다.

더운 여름날 더위를 피하기 위해 잠을 자는 동물들도 있다. 사막의 많은 동물들은 격렬한 더위에서 살아남기 위해 잠을 자는데, 이를 겨울잠과 구별하여 여름잠이라고 한다. 달팽이, 도마뱀, 개구리, 곤충류를 포함해서 많은 사막 동물들이 여름잠을 잔다.

▲ 달팽이

파충류의 비늘 vs. 어류의 비늘

파충류의 비늘은 한 장 한 장의 피부가 접혀 있는 것이다. 이러한 비늘은 수분의 증발을 막으며 탈피가 가능하다. 어류의 비늘은 사람의 손톱과 같이 피부 중 진피가 변화된 것으로 탈피를 하지 않는다. 그렇기 때문에 나이를 먹으면, 나이테처럼 연륜이 생긴다. 또한 각각 독립적인 조직으로 연결되어 있지 않으며, 빠지면 다시 재생되지 않는다.

하늘을 누비는 새

사람들은 오래 전부터 하늘을 나는 새를 보고 비행의 꿈을 꾸기 시작하여 비행기를 만들었다. 우리와는 달리 비행기에 의존하지 않고 스스로 날 수 있는 새의 날개와 구조가 다른 하나는?
① 박쥐의 날개   ② 고래 지느러미   ③ 모기 날개

나무 위에 둥지를 튼 새! 살금살금 기어 올라가 보니 뽀얀 알이 담겨 있다. 새는 새끼를 낳는 사람과 달리 일반적으로 둥지를 틀고 알을 낳는다.

알을 낳는 것뿐 아니라, 하늘을 난다는 점도 새의 특징 중 하나다. 새는 앞다리가 날개로 변하여 공중 생활에 알맞은 구조로 되어 있고, 뼈는 속이 비어 있기 때문에 몸이 가벼워 비행하기에 알맞다. 이러한 새와 같은 동물을 조류라고 한다. 조류에 속하는 동물로는 독수리, 참새, 비둘기 등 8,600종이 있다.

조류는 깃털이 있고 체온이 항상 일정한 정온 동물로 폐 호흡을 한다. 입은 딱딱한 부리로 되어 있으며, 뒷다리는 파충류와 같이 비늘로 덮여 있다. 뒷다리는 나무에 앉거나 헤엄을 칠 때, 또는 잠수하면서 먹이를 잡는 데 쓰인다.

▲박쥐

▲고래

조류의 날개와 곤충의 날개는 모두 날기 위한 기관으로 생김새는 비슷하다. 하지만 곤충의 날개는 피부 껍질이 변하여 된 것이고, 새나 박쥐의 날개는 앞다리가 변하여 된 것이다.

물에 사는 고래의 지느러미 또한 새나 박쥐의 날개처럼 앞다리가 변해서 만들어진 것이다. 똑같이 앞다리가 변한 것이지만, 새와 박쥐는 하늘을 날 수 있는 '날개'의 역할을 하고, 고래는 물속을 헤엄칠 수 있는 '지느러미'의 역할을 한다.

이처럼 새와 박쥐의 날개, 고래의 가슴지느러미, 사람의 팔, 개의 앞다리는 하는 일은 다르지만 그 기원은 모두 '앞다리'로 같다. 이와 같이 기원은 같지만 하는 일이나 모양이 다른 것을 '상동 기관'이라고 한다.

한편 어류의 몸이 유선형인 것은 바다에서 헤엄치기 유리하기 위해서다. 어류뿐 아니라 바다에서 헤엄치는 펭귄, 돌고래, 화석 파충류인 어룡의 몸이 유선형인 것도 몸 전체가 진화하면서 비슷해진 경우라고 할 수 있다. 우리가 앞에서 살펴본 파충류와 물고기의 비늘도 마찬가지다. 이와 같이 생겨난 곳, 즉 기원은 달라도 하는 일이 같은 것을 '상사 기관'이라고 한다.

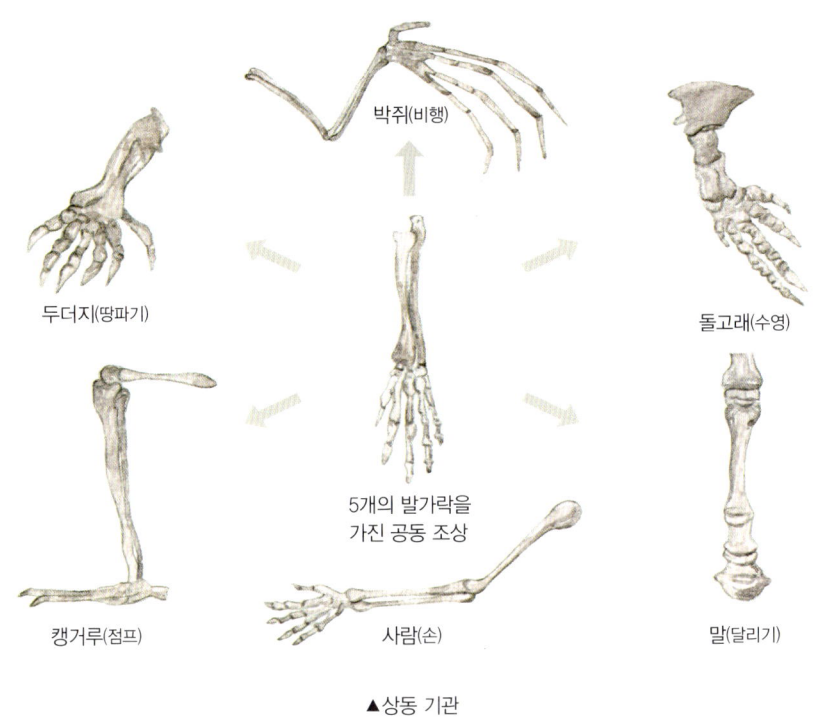

▲ 상동 기관

　상동 기관은 같은 조상으로부터 출발하여 환경에 알맞도록 각각 다른 방향으로 진화되어 왔음을 보여 주는 예라고 할 수 있으며 상사 기관은 다른 조상으로부터 출발하였지만 같은 환경에 알맞도록 진화되어 왔음을 보여주는 예라고 할 수 있다.

모기의 날개

대부분 곤충은 날개가 2쌍이다. 하지만 모기의 날개는 1쌍이다. 여름철 쉽게 볼 수 있는 모기뿐 아니라 파리도 마찬가지!
모기나 파리는 뒷날개가 퇴화하여 앞날개만 남아 있다. 뒷날개는 평형곤이라는 작은 돌기로 바뀌어 몸의 균형을 잡아 준다.

젖먹이 동물, 포유류

맛보기퀴즈

동굴은 1년 내내 항상 온도와 습도가 일정하기 때문에 박쥐들이 살기에 가장 좋은 장소라고 한다. 다음 중 어두운 동굴에서도 잘 사는 박쥐와 가장 가까운 동물은 무엇일까?
① 나방 ② 바퀴 ③ 거북 ④ 고래 ⑤ 참새

새끼를 낳아 젖을 먹여 키우는 포유류. 대표적으로 '사람'을 꼽을 수 있는데, 포유류는 척추동물 중에서 가장 발달한 무리로, 육상 생활에 잘 적응하여 폐 호흡을 한다.

박쥐는 날개를 가지고 있다는 점에서 참새와 같은 조류에 가깝다고 생각할 수 있다. 하지만 하늘을 날 수 있는 박쥐는 새끼를 낳아 젖을 먹여 키우는 포유류다. 물에서 사는 고래도 어류와는 달리 새끼를 낳으며 폐 호흡을 한다. 고래뿐 아니라 물개도 마찬가지다.

포유류는 체온이 항상 일정하게 유지되는 정온 동물이다. 그리고 털이 있어 다양한 환경에서 적응하여 살 수 있다. 포유류는 다른 무리의 동물에 비해 사는 지역이 넓다는 것을 알 수 있다. 대부분의 포유류는 사람처럼 육지에 살지만, 고래나 물개처럼 바다에 사는 것도 있고, 박쥐처럼 하늘을 나는 것도 있기 때문이다. 포유류에 속하는 동물은 약 5,000종 이상이라고 한다.

▲참새

체절이 있는 동물에는 절지동물, 환형동물이 있고, 체절이 없는 동물에는 연체동물, 강장동물, 극피동물, 해면동물, 편형동물 등이 있다. 이 중에 외골격이나 외투막이 있는 동물에는 절지동물, 연체동물, 극피동물이 있으며, 외골격이나 외투막이 없는 동물에는 해면동물, 강장동물, 편형동물, 환형동물이 있다.

생물을 분류하는 방법

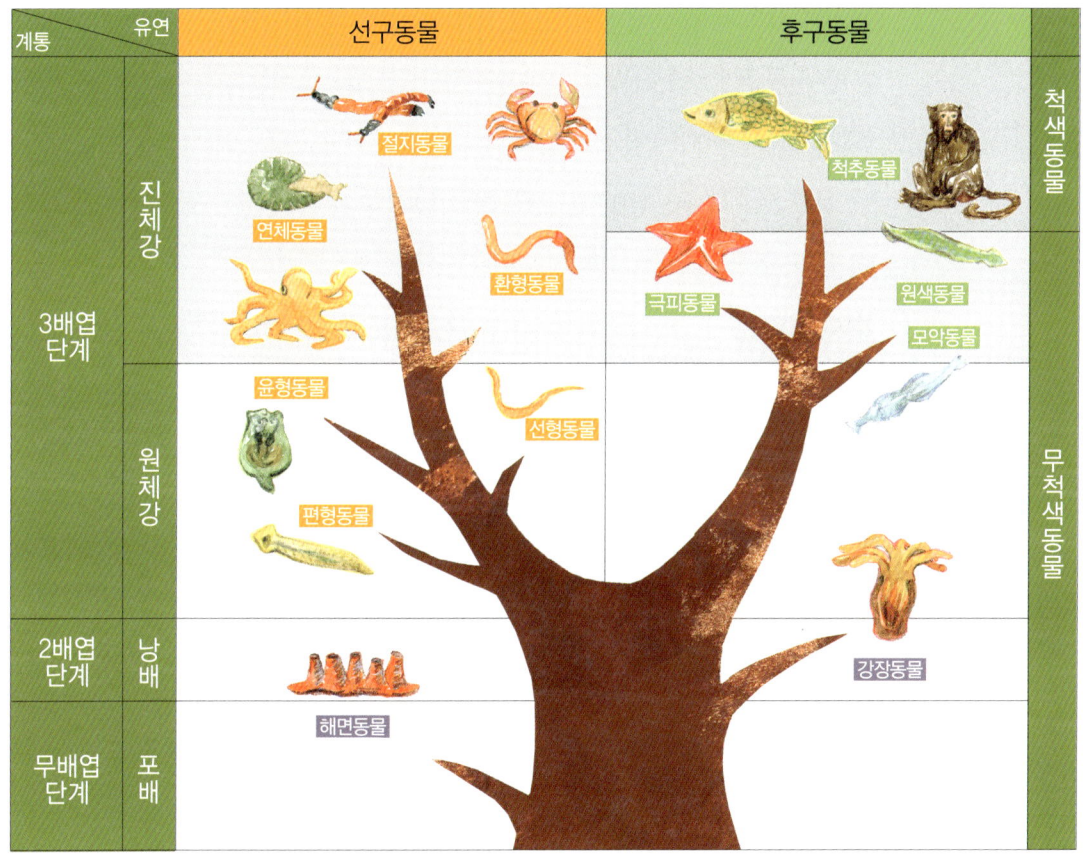

▲계통수

생물을 분류하는 방법을 크게 두 가지 인위 분류와 자연 분류가 있다.

'인위 분류'는 사람이 이용하는 가치에 따라 생물을 분류하는 방법이다. 예를 들어 약으로 사용할 수 있는 것(약용 동물)과 아닌 것, 집에서 기를 수 있는 것(애완동물)과 아닌 것, 먹을 수 있는 것(식용 동물)과 없는 것 등으로 구별한다.

'자연 분류'는 생물이 가진 고유한 특징을 기준으로 분류하는 방법이다. 예를 들어 등뼈가 있는 동물과 등뼈가 없는 동물, 아가미로 호흡하는 동물과 폐로 호흡하는 동물 등으로 구별한다.

족보를 보면 나와 가깝고 먼 친척을 알 수 있고, 나의 뿌리를 알 수 있다. 이처럼 생물들 사이에 서로 얼마나 가까운지 또는 이들 중 가장 진화된 동물이 무엇인지 알기 위해서는 생물들의 관계를 나타낸 그림인 계통수를 보면 쉽게 알 수 있다.

절지동물	몸에 체절이 있고 딱딱한 껍질인 외골격에 싸여 있다. 곤충류, 거미류, 다지류(지네)로 구분한다.
연체동물	대부분 바닷가에 살고, 내장 기관을 싸고 있는 두꺼운 외투막이 있다. 문어, 오징어, 조개, 달팽이 등이 있다.
극피동물	표면에 돌기나 가시가 많이 나 있고 관족이라는 독특한 발을 갖고 있다. 불가사리, 성게, 해삼 등이 있다.
해면동물	모든 동물 중에서 몸이 가장 간단한 체제. 물에서 산다. 해면과 바다수세미 등이 있다.
강장동물	대부분 물에 살며 몸은 자세포(찌르는 바늘 같은 세포)로 잔뜩 무장한 촉수와 위로 이루어져 있다. 해파리, 말미잘, 산호, 히드라 등이 있다.
편형동물	몸이 납작하며 물이나 축축한 땅에 산다. 플라나리아, 촌충 등이 있다.
환형동물	순환계와 신경계가 발달한 복잡한 체제를 이루고 있고, 원통형의 몸은 체절로 이루어진다. 지렁이, 거머리 등이 있다.

▲척추가 없는 동물

오늘날 생물은 다섯 왕국으로 분류

아리스토텔레스 이후 과학자들은 지구상의 모든 생물을 여러 가지 방법으로 분류했다. 린네가 모든 생물을 동물계와 식물계의 2계로 분류할 것을 제안한 후 린네의 분류 방법은 약 200년 이상 사용되었다. 그 후 동물이나 식물로 구분하기 어려운 단세포 생물을 원생생물계로 분류하여 3계가 확립되기도 하였다.

그 후 오늘날에는 생물을 원핵생물계와 원생생물계, 균류(곰팡이)계, 식물계, 동물계 즉, 5계로 나누는 분류 방법을 가장 많이 사용한다.

정체를 밝혀라! 97

동물 분류 모빌 만들기

실험해볼까요!

대형 마트에 가면 다양한 종류의 물건들이 많이 있다. 하지만 우리는 사고 싶은 물건을 비교적 쉽게 찾을 수 있다. 때로 쉽게 찾지 못할 때 점원에게 물어보면 쉽게 알려 준다. 그 이유는 다양한 종류의 물건들이 기준에 따라 분류가 되어 있기 때문이다. 서점이나 도서관을 갔을 때에도 마찬가지다. 이와 같이 다양한 생물을 분류하려는 시도는 고대 그리스 시대부터 있었다.

우리도 앞에서 살펴본 다양한 동물들을 특징에 따라 분류하여 동물 분류 모빌을 만들어 보자.

 준비물

집게 옷걸이(세탁소용), 클립, 두꺼운 도화지, 펀치 또는 송곳, 색연필 또는 사인펜

 탐구 순서

① 다음 동물들을 주어진 기준에 따라 분류해 보자.

사람, 돼지, 참새, 독수리, 뱀, 거북, 개구리, 도롱뇽, 붕어, 잉어, 지렁이, 거머리, 조개, 오징어, 거미, 메뚜기

- 등뼈의 유무에 따라 : 척추동물 / 무척추동물
- 체온 조절에 따라 : 항온 / 변온
- 호흡 방법에 따라 : 아가미 / 아가미+폐 / 폐
- 번식 방법에 따라 : 난생 / 태생

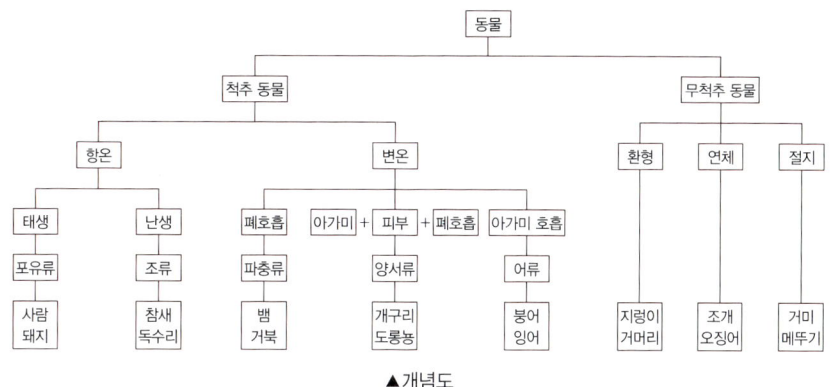

▲ 개념도

② 개념도를 바탕으로 동물 분류 모빌을 만들어 보자.

실험 결과

동물은 크게 등뼈가 있는지 없는지에 따라 척추동물과 무척추동물로 나뉜다. 척추동물은 체온의 변화에 따라 항온 동물과 변온 동물로 나누기도 한다. 또 호흡 방법에 따라 폐 호흡, 아가미 호흡 등으로 나누기도 하고, 번식하는 방법에 따라 난생과 태생으로 나누기도 한다.

무척추동물은 체절과 외골격, 외투막이 있느냐 없느냐에 따라 나누기도 한다.

생각 나누기

· 다른 동물들도 기준에 따라 분류해 보자.

CHAPTER 07
-P.101 PHOTOGRAPH

SADARI SCIENCE
CHAPTER 07 PHOTOGRAPH

Chapter 07
죽음의 호수에서는
어떤 일이?

죽음의 호수에서는 어떤 일이?

▲사해

'죽음의 바다'라는 뜻의 사해. 하지만 사해를 바다라고 생각한다면 큰 오산이다! 사해는 사실 바다가 아니라, 이스라엘과 요르단 사이에 남북으로 길게 뻗은 호수다. 그 크기도 어마어마해서 우리나라 서울의 2배 정도나 크다고 한다. 그렇다면 사람들은 왜 사해라고 불렀을까?

물은 높은 곳에서 낮은 곳으로 흐르는데 사해의 수면은 지구 표면 중에서 가장 낮다. 사해 가까이 있는 지중해 수면보다는 무려 약 400m나 더 낮다고 한다.

이처럼 수면이 가장 낮기 때문에 흘러들어온 물이 빠져나갈 구멍이 없다.

게다가 기온이 높고 건조하여 많은 양의 수분이 증발하기 때문에 물의 농도도 매우 높아서 보통의 바닷물과 비교해 볼 때, 최고 10배나 높다고 한다. 그래서 성경에서는 사해를 '소금바다'라는 뜻의 염해라고 부르기도 했다.

> **민물**
> 강이나 호수 등과 같이 염분이 없는 물

보통 호수는 소금물의 농도가 낮은 민물*로 되어 있다. 하지만 이곳은 바다보다도 소금물의 농도가 더 높다. 그래서 생명체가 거의 살지 못하기 때문에 죽음의 바다라는 의미를 가진 '사해'라고 불리게 된 것이다.

생명체가 살기 어려운 죽음의 호수, 사해. 이곳에 사람이 들어가면 어떤 일이 벌어질까? 정말 사진처럼 튜브 없이 물에 누워 신문을 볼 수 있을까?

쇠가 나무보다 무겁다?

쇠로 만든 배는 무거워서 혼자 들 수 없지만, 나무로 만든 이쑤시개는 혼자 쉽게 들 수 있다. 그렇다면 쇠가 나무보다 더 무거운 것일까?

그럼 다른 경우를 생각해 보자. 쇠로 된 클립은 쉽게 들 수 있지만, 나무로 만든 책상은 무거워서 혼자 들기 힘들다. 도대체 쇠와 나무 중 어느 것이 더 무거운 것일까?

사실 쇠와 나무의 크기에 따라 무게가 달라지기 때문에, 쇠와 나무 중 어느 것이 더 무겁다고 말할 수 없다. 이처럼 같은 물질이라도 크기에 따라 달라지는 무게나 질량은 물질의 특성이 될 수 없다.

그럼, 나무로 만든 이쑤시개와 클립을 물에 넣으면 어떻게 될까? 이쑤시개와 클립 모두 물에 뜰까?

밀도

밀도 = 질량/부피

밀도의 단위(질량의 단위/부피의 단위) : g/cm³, g/mL

이쑤시개는 물에 뜨지만 클립은 물에 가라앉는다. 그렇다면 이쑤시개보다 크기가 큰 나무젓가락을 물에 넣으면 어떻게 될까? 역시 물에 뜬다. 따라서 물과 같은 액체에서 뜨고 가라앉는 성질을 나타내기 위해서는 '같은 크기일 때 각 물체의 질량'을 비교해야 한다. 이와 같이 '단위 부피(1mL, 1cm³ 등)일 때 물체의 질량'을 '밀도*'라고 한다.

같은 부피일 경우 나무의 질량이 가장 작고, 그 다음 물, 쇠의 순서이다. 즉 나무의 밀도가 가장 작고, 물, 쇠의 순서로 밀도가 커진다. 따라서 나무로 만든 이쑤시개와 나무젓가락은 물보다 밀도가 작기 때문에 물에 뜨고, 쇠로 만든 클립은 물보다 밀도가 크기 때문에 물에 가라앉는다.

그럼 사람은 물에 뜰까? 만약 '나는 수영을 못하니까 맥주병처럼 꼬르륵 가라앉을 거야'라고 생각하는 사람이 있다면 다음 방법을 잘 익혀 두자. 잘 따라하기만 하면 100% 물 위에 뜰 수 있다.

물을 두려워하지 말고 몸에 힘을 빼고 가만히 있어 보자. 그러면 물에 자연스럽게 뜬다. 특히 몸을 동그랗게 만들어 물속에 가만히 있으면 등의 일부가 물 밖으로 나오면서 뜨게 된다.

왜 수영을 하지 못해도 물 위에 뜰 수 있는 걸까? 보통 물의 밀도는 약 1g/cm³인데, 사람의 밀도는 지방이나 근육의 양 등 체질에 따라 다르지만 보통 0.95g/cm³정도이다. 이처럼 사람은 물보다 밀도가 작기 때문에 물 위에 뜰 수 있다.

한편 우주 공간에 태양계 행성을 넣을 수 있을 만큼 거대한 초대형 수영장을 만들어 행성을 넣는다고 하자. 이때 가라앉지 않

행 성	밀도(g/cm³)
수 성	5.43
금 성	5.24
지 구	5.52
화 성	5.52
목 성	1.33
토 성	0.70
천왕성	1.27
해왕성	1.64
명왕성	2.07

▲행성의 밀도

고 뜨는 행성이 있다. 어떤 행성일까?

바로 아름다운 고리로 유명한 토성이다. 토성의 밀도는 물의 밀도보다 작기 때문에 뜰 수 있다.

농도가 클수록 커지는 밀도

이 배를 타고 사해에 간다면 어떻게 될까?

▲바다 위에 떠 있는 배

물이 든 컵에 메추리알을 넣어 보자. 메추리알이 물에 가라앉는 것을 발견할 수 있을 것이다. 그렇다면 만약 물에 소금을 넣어 녹이면 어떻게 될까? 소금이 없다면 간장을 이용해도 된다. 간장에도 소금이 많이 녹아 있기 때문이다.

이제 소금물이나 간장을 넣은 물에 메추리알을 넣어 보자. 물에 뜨는 것을 볼 수 있을 것이다. 이와 같은 현상이 나타나는 이유는 무엇일까?

이러한 현상은 사람의 몸이 수영장보다 바닷물에서 더 잘 뜨는 원리, 소금물의 농도가 바다보다 높은 사해에서 튜브 없이 누워서 책을 읽을 수 있는 원리와도 같다.

보통 바닷물에는 여러 가지 물질이 녹아 있는데, 이를 '염류'라고 한다. 바닷물에 따라 염류가 녹아 있는 양은 약간씩 다르다. 바닷물 1,000g에 녹아 있는 염류를 g으로 나타낸 값이 '염분'이다. 염분의 단위로는 천분율인 퍼밀(‰)을 사용하는데, 보통 바닷물의 염분은 평균 약 35‰ 정도다. 즉, 바닷물 1,000g 중에 염류가 35g 정도 녹아 있다는 의미다.

죽음의 호수인 사해는 위치에 따라 차이가 있긴 하지만 1,000g에 염류가 약 300g 정도 녹아 있다고 한다. 이는 물 700g(=700mL)에 염류가 300g 녹아 있는 것과 같다.

따라서 사해 물의 밀도를 구해 보면, 다음과 같다.

$$\text{사해 물의 밀도} = \frac{\text{질량}}{\text{부피}} = \frac{300\text{g}}{700\text{mL}} = 1.43\text{g/mL}$$

결국 사해 물의 밀도는 수영장 물이나 바닷물의 밀도보다도 크고 사람의 밀도보다도 크기 때문에, 보통 물에서는 잘 뜨지 않던 사람도 사해에서는 쉽게 뜰 수 있다.

이와 같이 액체에 물체가 뜨고 가라앉는 것은 액체와 물체를 구성하고 있는 물질의 밀도에 따라 달라진다. 즉 액체보다 물질의 밀도가 크면 가라앉고, 반대로 물질의 밀도가 작으면 위로 뜨게 된다.

배에 표시되어 있는 만재 흘수선

바다를 항해하는 배는 바닷물의 밀도에 따라 배가 잠기는 정도가 달라지는데 바닷물의 밀도는 바닷물의 농도와 온도 등에 따라 달라진다. 따라서 배가 가라앉지 않고 안전하게 항해하기 위해서는 배가 물에 잠길 수 있는 최대한의 깊이를 표시해야 한다. 이를 '만재 흘수선'이라고 한다.

만재 흘수선은 바닷물의 종류, 항해하는 구역, 계절 등에 따라 구분하여 배의 중앙부 양쪽 옆으로 표시되어 있다.

만재 흘수선에는 열대 담수 만재 흘수선이 가장 위쪽에 있다. 열대 지역이면서 담수인 경우에는 바닷물의 밀도가 가장 낮기 때문에 같은 조건의 배인 경우에 가장 많이 잠긴다. 그래서 만재 흘수선이 가장 위쪽에 있다.

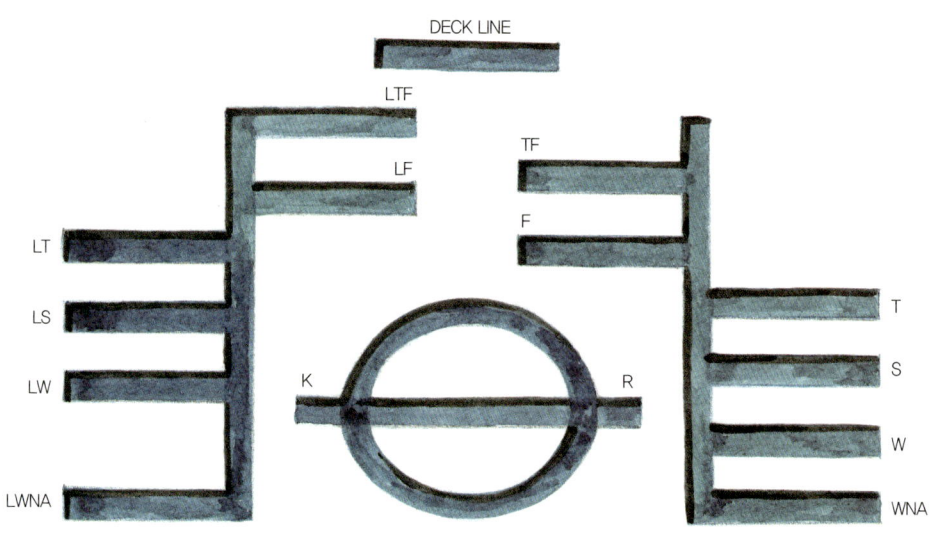

LT : 열대 목재 만재 흘수선
T : 열대 만재 흘수선
LS : 하기 목재 만재 흘수선
S : 하기 만재 흘수선

LW : 동기 목재 만재 흘수선
W : 동기 만재 흘수선
LTF : 열대 담수 목재 만재 흘수선
TF : 열대 담수 만재 흘수선

LF : 하기 담수 목재 만재 흘수선
LWNA : 동기 북대서양 목재 만재 흘수선
WNA : 동기 북대서양 만재 흘수선

건현표(만재 흘수선표)

만재 흘수선에는 원에 직선을 긋고 K-R이나 A-B와 같은 알파벳이 표시되어 있는 부분이 있다. 이것을 건현표(freeboard mark)라고 한다. 건현(Freeboard)은 갑판*의 윗면에서 만재 흘수선 표시 윗면까지의 거리를 뜻한다. 알파벳은 건현을 규정한 나라를 뜻하는데, 우리나라 배에는 K-R, 미국 배에는 A-B로 표시되어 있다.

사실 갑판이 물에 잠기기 일보직전에도 배는 물위에 떠 있는 상태이기 때문에 항해가 가능하다. 하지만 이때에는 파도가 조금만 일어도 선실에 물이 차 버리기 때문에 위험하다. 안전하게 항해하기 위해서는 배가 물 위에 충분히 떠 있어야 하는데 이를 확인하기 위해 건헌표를 표시한다.

갑판
군함과 같은 큰 배 위에 나무나 철판으로 깔아 놓은 넓고 평평한 바닥

물은 표면부터 언다!

맛보기 퀴즈

목욕탕에 가면 찬물과 더운물의 수도꼭지 위치가 다르게 설치되어 있는 것을 볼 수 있다. 그 이유는 무엇일까?
① 찬물에 비해 더운물이 더 위험하기 때문에
② 찬물과 더운물이 잘 섞이지 않도록 하기 위해서
③ 찬물과 더운물이 자연스럽게 잘 섞이도록 하기 위해서

겨울철 꽁꽁 언 강이나 호수에서 스케이트나 썰매를 타면 정말 신이 난다. 하지만 스케이트나 썰매를 탈 때는 꼭 주의해야 할 점이 있다. 물은 밑에서부터 얼지 않고 표면부터 얼기 때문에 겉보기엔 꽁꽁 언 것처럼 보여도 사실 표면만 살짝 얼었을 수도 있다. 왜 물은 밑에서부터 얼지 않고 표면부터 어는 것일까?

겨울이나 여름에 호수의 깊이에 따라 물의 온도를 재 보면 재미있는 현상을 발견할 수 있다. 겨울에는 물의 깊이가 깊을수록 물의 온도가 올라가지만 여름에는 물의 깊이가 깊어질수록 물의 온도가 낮아진다. 이러한 현상이 생기는 것은 물의 온도에 따라 밀도가 달라지기 때문이다.

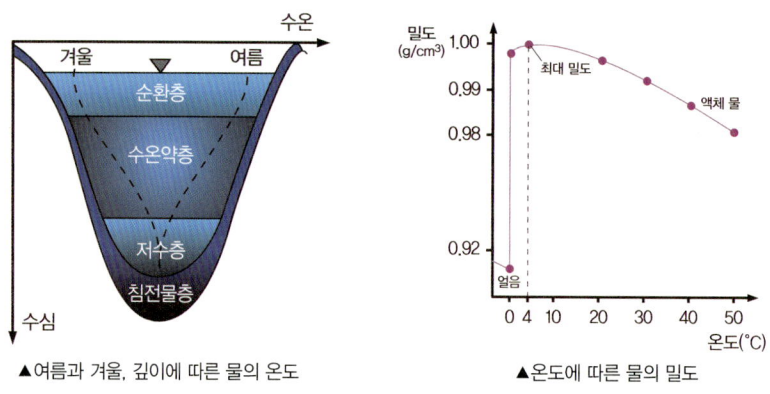

▲여름과 겨울, 깊이에 따른 물의 온도　　　▲온도에 따른 물의 밀도

물의 밀도는 4℃일 때 가장 크다. 밀도가 큰 물은 아래로 가라앉고 밀도가 작은 물은 위로 떠오른다. 날씨가 추워져 물 표면의 온도가 4℃에 가까워질수록 밀도는 커져서 표면의 물은 아래로 가라앉고, 상대적으로 밀도가 작은 아래의 따뜻한 물은 위로 떠오른다.

이와 같은 대류 현상이 반복되다 보면 물 전체 온도는 4℃가 된다. 날씨가 더 추워져 물의 온도가 4℃ 이하로 내려가면 물의 밀도는 다시 작아지기 시작하므로 밀도가 작아진 표면의 물은 더 이상 아래로 가라앉지 못한다. 이 상태에서 물 표면의 온도가 0℃가 되면 얼기 시작한다.

한편 목욕탕에서는 이러한 물의 밀도를 이용하여 더운물의 수도꼭지를 아래쪽에, 찬물의 수도꼭지를 위쪽에 설치한다. 물의 온도가 4℃ 이상이 되면 물의 밀도는 작아지기 때문에 상대적으로 따뜻한 물은 찬물에 비해 밀도가 작다. 따라서 아래쪽에 설치한 더운물은 찬물보다 밀도가 작아서 찬물 위로 올라오고, 위쪽에 설치한 찬물은 더운물보다 밀도가 커서 더운물 아래쪽으로 내려간다. 이 과정을 통해 찬물과 더운물은 자연스럽게 서로 섞이게 되므로, 굳이 바가지나 손을 이용해 물을 섞어 주지 않아도 된다.

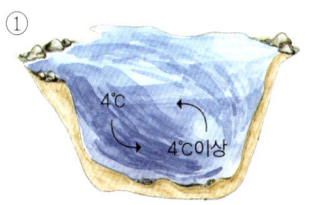

4°C의 물은 밑으로 내려오고 4°C보다 따뜻한 물은 위로 올라간다.

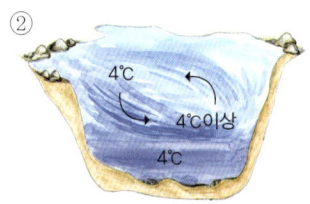

①과 같은 대류현상이 반복된다.

물 전체 온도가 4°C가 된다.

물 표면의 온도가 0°C가 되면 얼기 시작한다.

갈릴레이 온도계

이 온도계는 '갈릴레이 온도계'라고 불린다. 1592년 갈릴레이가 발명한 기체 온도계의 원리를 이용하여 만들었기 때문이다.
갈릴레이 온도계는 액체가 들어 있는 실린더 안에 색깔이 서로 다른 유리구슬이 온도의 변화에 따라 떠오르거나 가라앉으며 온도를 나타내 준다.
이는 실린더 안의 물과 유리구슬 안의 오일의 밀도가 서로 다르기 때문에 일어나는 현상이다. 온도가 변하면 부피가 팽창하거나 수축하기 때문에 작

▲ 갈릴레이 온도계

은 유리구슬이 떠오르거나 가라앉는다.

실린더 안에 있는 유리구슬 중에서 가장 아랫부분에 있는 유리구슬이 현재의 온도를 가리킨다. 유리구슬 아래에 붙어 있는 금속에는 온도를 나타내는 숫자가 적혀 있으며 무게를 조절하는 추의 역할을 한다.

지금은 유리구슬 만에 오일을 사용하지만 처음에는 알코올을 사용했다. 오일을 사용하면서 좀 더 정확한 온도를 측정할 수 있게 되었다.

얼음은 물과 식용유 사이

컵에 물을 반 정도 붓고, 그 위에 식용유를 반 정도 부어 보자. 식용유가 물 위에 층을 이루는 모습을 볼 수 있다. 그 속에 얼음을 넣으면 어떻게 될까?

정확하게 물과 기름의 경계 지점에 얼음이 뜬다. 이것은 얼음이 물보다 밀도가 작고, 기름보다는 밀도가 크기 때문이다.

일반적으로 액체에서 고체가 될 때, 알갱이들은 더 규칙적이고 촘촘하게 배열되어 부피가 줄어든다. 이 때문에 밀도가 커진다. 하지만 물의 경우는 특이하게도 고체 상태일 때 부피가 더 커진다. 물통에 물을 가득 넣고 얼렸을 때를 떠올려 보자. 물통이 불룩해지는 것을 확인할 수 있다.

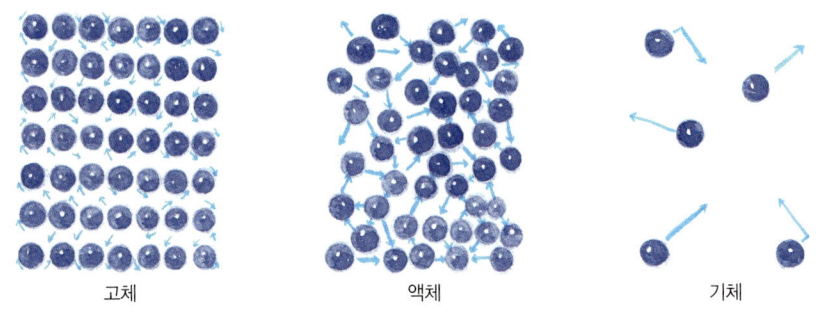

▲고체, 액체, 기체일 때의 알갱이 배열

물이 얼음이 되면 질량은 똑같은데 부피가 커져서 밀도가 작아지기 때문에 얼음은 물 위에 뜬다. 북극과 남극의 거대한 얼음 덩어리가 물 위에 떠 있는 것도 이와 같은 이유 때문이다.

밀도에 따라 뜨고 가라앉는 기체

맛보기퀴즈

요즘 아파트는 대부분 LNG(도시가스)를 사용하고, 주택에서도 LPG(프로판가스) 대신 도시가스 사용이 늘고 있다. 도시가스를 사용하는 아파트나 주택을 보면 가스 누출 경보기가 천장 가까이 설치되어 있는 반면 LPG를 사용하는 주택을 보면 가스 누출 경보기가 바닥 가까이 설치되어 있는 것을 볼 수 있다. 그 이유는 무엇일까?
① 아이들이 손대면 위험하기 때문에
② 사람 손이 잘 닿지 않는 곳에 설치했기 때문
③ 누출된 가스 종류에 따라 이동하는 위치가 달라지기 때문

여자 주인공을 집까지 바래다주던 남자 주인공이 뜬금없이 차 트렁크를 연다. 그러자 색색의 예쁜 풍선이 하늘로 날아가고, 트렁크 속에는 '나랑 결혼해 줘!'라는 플랜카드가 걸려 있다.

드라마나 영화 속에서 흔히 볼 수 있는 프러포즈의 한 장면이다. 신기한 건 하늘로 날아가는 풍선이다. 문구점에서 파는 풍선은 아무리 불어도 하

▲풍선

LNG(liquefied natural gas, 액화 천연가스)
주성분은 메탄(CH_4)으로 1기압에서 끓는점이 $-162℃$이므로 액화시켜서 저장한다. 그런데 이 천연가스는 가정이나 사용자 등에게 공급할 때 용기에 담아서 운반하기 어려우므로, 저장소에서 관(파이프)을 통해서 보낸다. 따라서 시설비가 많이 들기 때문에 도시와 같이 사용자가 많이 밀집되어 있는 곳에서 사용하기 좋다. 그래서 도시가스라고도 부른다.

LPG(liquefied petroleum gas, 액화 석유가스)
주성분은 프로판(C_3H_8), 부탄(C_4H_{10})으로 1기압에서의 끓는점은 프로판이 $-42.1℃$, 부탄은 $-0.5℃$이므로 천연가스보다 끓는점이 높아서 액화시키기가 쉬우므로 가스통에 넣어 운반할 수 있다. 또한 각각의 성분 기체인 프로판과 부탄을 따로 연료로 사용하기도 한다. 특히 부탄은 가장 액화시키기 쉬운 기체 연료로 휴대용 연료로 가장 많이 쓰인다.

늘로 안 날아가던데, 드라마 속 풍선은 어떻게 불었기에 하늘을 훨훨 날아가는 것일까?

사실 하늘을 날아가는 풍선 안에는 헬륨 기체가 들어 있다. 헬륨의 밀도는 공기의 밀도보다 작기 때문에 공기 중에서 헬륨 풍선은 뜨게 된다.

그렇다면 우리가 입으로 분 풍선은 왜 가라앉을까? 입으로 불 때 풍선 속에는 날숨이 들어가는데, 날숨 속에는 이산화탄소가 많다. 이산화탄소의 밀도는 공기의 밀도보다 크기 때문에 공기 중에 아래로 가라앉게 된다.

한편 요즘에 가정에서 많이 사용하고 있는 LNG(도시가스)*는 메탄이 주성분인데, 메탄은 공기보다 밀도가 작다. 따라서 도시가스가 누출되면 가스는 위로 올라간다.

하지만 LPG(프로판가스)*는 프로판과 부탄이 주성분인데, 이는 공기보다 밀도가 크다. 따라서 가스가 누출되면 아래로 가라앉는다.

그래서 가스 누출 경보기를 설치할 때에는 가정에서 사용하는 가스의 종류에 따라 위치를 달리하여 설치해야 한다. 뿐만 아니라 가스가 누출되었을 때 대처하는 방법도 달라야 한다. 어떻게 하면 될까?

LNG는 누출되면 위로 올라가므로 위에 있는 창문을 열어 환기시키고, LPG는 누출되면 아래로 내려가므로 아래쪽 창문이나 문을 열어 담요나 넓은 빗자루로 쓸듯이 바깥쪽으로 가스를 빼내야 한다.

기체(g/cm³) (0℃, 1기압)		액체(g/cm³) (20℃, 1기압)		고체(g/cm³) (20℃, 1기압)	
종 류	밀 도	종 류	밀 도	종 류	밀 도
수 소	0.0000899	메 탄 올	0.79	참 나 무	0.85
헬 륨	0.000178	물	1.00(4℃)	양 초	0.85
메 탄	0.000716	아세트산	1.05	식 용 유	0.89
질 소	0.00125	사염화탄소	1.63	얼 음	0.92
*공기(질소+산소)	0.00129	수 은	13.5	소 금	2.16
산 소	0.00143			알루미늄	2.69
이산화탄소	0.00190			철	7.86
프 로 판	0.00202			구 리	8.93
부 탄	0.00205(25℃)			은	10.5
				납	11.3
				금	19.30

▲여러 가지 물질의 밀도

밀도 차이를 이용한 생활 엿보기

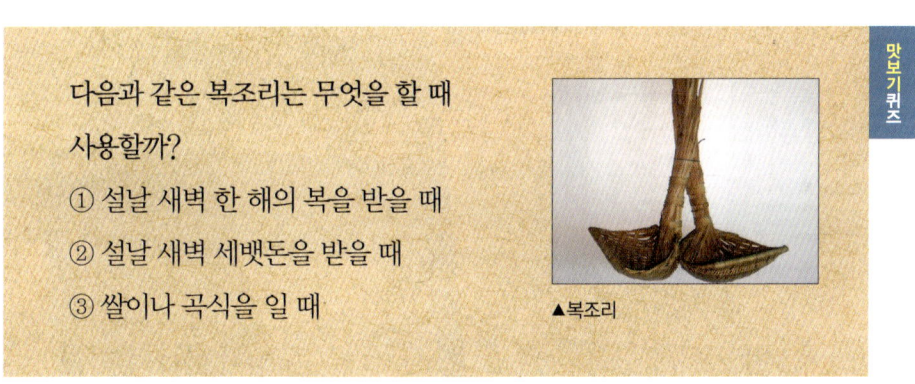

다음과 같은 복조리는 무엇을 할 때 사용할까?
① 설날 새벽 한 해의 복을 받을 때
② 설날 새벽 세뱃돈을 받을 때
③ 쌀이나 곡식을 일 때

▲복조리

사금광 주변 계곡에서 사금을 분리할 때에는 주로 밀도 차이를 이용한다. 그릇에 사금광에서 퍼 온 사금을 포함한 토사를 적당히 담고 잘 흔들어 주면,

▲사금 채취 장면

모래 같이 밀도가 작은 입자는 빠져나가므로 밀도가 상대적으로 큰 사금과 분리할 수 있다. 이러한 방법으로 분리된 물질에서 작은 사금을 분리해 낸다.

이러한 방법은 쌀 속에 섞인 돌을 분리할 때도 사용할 수 있다. 쌀 속에 섞인 돌을 분리할 때에는 조리를 이용한다. 돌은 쌀보다 밀도가 커서 조리로 물을 일렁거려도 밑에 가라앉아 있으므로 조리로 쌀만 계속 퍼내면 돌이 섞여 있는 쌀에서 쌀만 분리해 낼 수 있는 것이다.

요즘은 기계가 발달하여 사금을 채취하거나 쌀 속에 섞인 돌을 분리할 때 대부분 기계에 의존하기 때문에 가정에서 부모님이 쌀을 씻을 때 조리를 이용하는 모습을 보기 힘들 것이다. 우리는 조리 대신 복조리를 더 잘 알고 있다. 복조리는 조리로 쌀을 담아 올리듯 새해에 많은 복을 담아 올리라는 의미가 담겨져 있다.

시골에 가면 알찬 볍씨를 분리해 내기 위해 키를 이용한다. 키에 곡식을 담고 위아래로 흔들면 상대적으로 쭉정이와 같이 알이 차지 않아 밀도가 작은 것을 날아가거나 앞에 남고, 알이 차서 밀도가 큰 것은 뒤로 모여 알찬 볍씨만 분리해 낼 수 있다. 특히 바람이 약하게 부는 날이면 더욱 잘 된다.

▲키

밀도차를 이용한 예!

① 열기구 : 열기구 내부의 공기를 가열하면 공기의 부피가 늘어난다. 이로 인해 열기구의 밀도가 주변 공기보다 작아져 열기구가 공중으로 떠오른다. 반대로 열기구 내부의 공기가 식으면 밀도가 커져서 내려온다.

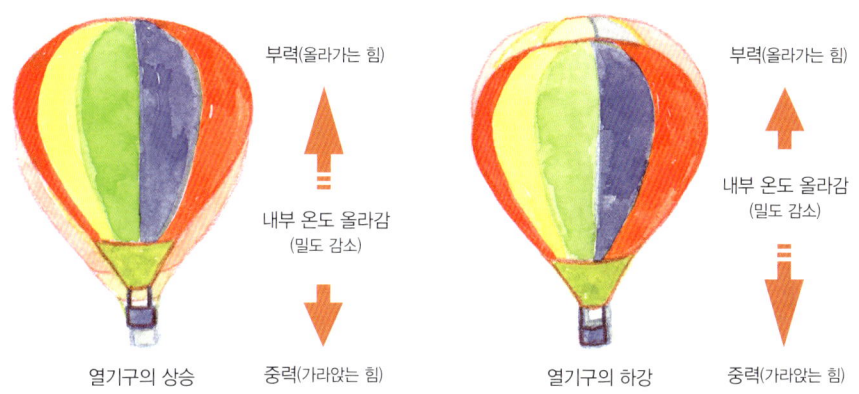

② 신선한 달걀과 오래된 달걀 : 오래된 달걀은 내부 공기 주머니가 커져 달걀의 밀도가 상대적으로 작아진다. 그래서 신선한 달걀은 오래된 달걀보다 더 물속에 가라앉는다.

▲ 달걀

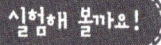 ## 빨대 색동 물탑 쌓기

준비물
투명 빨대, 컵 4개, 네 가지 색의 물감(빨강, 노랑, 초록, 파랑 등), 소금, 큰 숟가락

탐구 순서

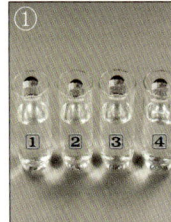

① 4개의 컵에 같은 양의 물을 넣고 1, 2, 3, 4 번호를 붙인다.

② 4개의 컵에 서로 다른 색의 물감을 같은 양으로 넣고 골고루 섞어 준다.

③ 1번 컵은 그대로 두고, 2번 컵에 소금 한 숟가락, 3번 컵에는 두 숟가락, 4번 컵에는 세 숟가락 넣어 완전히 녹인다. 이렇게 하면 농도가 다른 소금물 용액을 만들어진다.

④ 투명 빨대를 1번 컵에 약간 담근 후 빨대 끝을 막아 1번 컵의 물을 빨대에 넣는다. 1번 컵의 물이 들어 있는 빨대를 2번 컵에 좀 더 깊이 담근 후 빨대 끝을 열어 2번 컵의 소금물을 빨대 아래쪽으로 넣는다. 같은 방법으로 3번 컵의 소금물과 4번 컵의 소금물을 순서대로 넣는다.

실험 결과

실험 결과 빨대에는 4가지 색의 색동 물탑이 쌓인다. 왜 이런 일이 가능한 걸까? 그 비밀은 소금에 있다.

물에 소금을 녹이더라도 물의 부피는 거의 변하지 않는다. 따라서 같은 양의 물에 소금을 넣어 녹이면 부피는 같지만 소금을 녹인 경우 소금의 질량만큼 증가하므로 소금물의 밀도는 커진다. 소금을 많이 녹이면 녹일수록 밀도는 더 커지게 되는 것이다.

따라서 잘 섞이는 액체일지라도 소금을 녹인 양이 다르면 밀도 차이가 생기기 때문에 밀도가 큰 액체를 아래에, 밀도가 작은 액체를 위에 오도록 하여 순서대로 쌓으면 서로 섞이지 않는 색동 물탑을 쌓을 수 있다.

결국 이 실험은 밀도가 작은 물질이 밀도가 큰 물질 위로 뜨는 성질을 이용하여 색동탑을 쌓은 것이다. 빨대에 밀도가 작은 1번 용액을 넣고 밀도가 조금 더 큰 2번 용액에 담그면 밀도가 작은 1번 용액이 2번 용액 위로 서서히 떠오르는 것을 볼 수 있다. 이러한 성질을 이용하면 보다 많은 층의 빨대 색동 물탑을 완성할 수 있다.

생각 나누기

· 같은 양의 물에 소금을 많이 녹이면 밀도는 어떻게 될까?

CHAPTER 08
-P.121 PHOTOGRAPH

SADARI SCIENCE
CHAPTER 08 PHOTOGRAPH

Chapter 08
지하수가 빚은
조각품

지하수가 빚은 조각품

▲동굴

강원도 삼척시 대이리 동굴 지대는 우리나라 석회암 지대로 대표적인 곳이다. 이 동굴 지대에는 6개의 동굴(환선굴, 관음굴, 양터목세굴, 덕밭세굴, 사다리바위바람굴, 큰재세굴)이 있는데, 천연기념물 제 178호 지정되어 있다고 한다. 이 가운데 환선굴은 다른 동굴에 비해 규모가 아주 크다. 사람들이 다니는 주 통로의 길이는 3km 이상이며, 폭은 15m 이상이나 된다. 내부의 기온은 1년 내내 11℃정도를 유지하기 때문에 여름에는 시원하고 겨울에는 따뜻하다고 한다.

환선굴 안에는 여러 개의 폭포와 크고 작은 동굴 호수가 있어서, 걷다 보면 마치 지하 계곡을 거니는 듯한 느낌이 든다. 그뿐 아니라 천장이나 벽면을 통해 스며든 물방울에 의해 빚어진 동굴 내부의 자연 조각품들을 보면 마치 지하 궁전을 방문한 듯한 착각에 휩싸이기도 한다.

이처럼 환선굴과 같이 동굴 내부의 자연 조각품들은 어떻게 만들어지는 것일까?

시멘트와 석회암의 관계는?

강원도의 영월, 정선, 삼척과 충북의 단양, 제천. 이 지역의 공통점은 무엇일까? 바로 석회암 지대라는 것이다. 석회암은 탄산칼슘이 주성분인 바다 속 생물들의 뼈나 껍질이 쌓이면서 굳어진 암석으로, 지구 표면을 이루는 암석(화성암, 변성암, 퇴적암) 중 퇴적암에 속한다.

우리나라에 석회암이 많은 지역은 시기적으로 고생대(지금으로부터 5억 8,000만 년 전~2억 2,500만 년 전) 초에 퇴적되어 생겨난 석회암층으로, 지각 변동 때문에 육지 위로 솟아오른 지역이다. 이 지역에는 좋은 품질의 석회석이 매우 많이 매장되어 있다. 그래서 석회암 광산을 파헤치면 엄청난 석회석이 나오는데 모두 시멘트 원료로 사용된다.

그래서 석회암이 많은 지역을 중심으로 시멘트 공업이 발달됐다. 여기서 주목할 사실 하나! 시멘트 공업으로 유명한 지역은 석회암 지대일 가능성이 많다.

석회암은 이산화탄소가 녹아 있는 빗물이나 지하수에 잘 녹기 때문에 석회암이 넓게 분포된 지역에서는 독특한 유형의 지형들이 발달했다. 이러한 지형을 '카르스트 지형'이라 한다.

특히 석회암 지대에 비가 내리면 땅 위에서 스며든 빗물과 땅속의 지하수가 지하 내부를 녹여 석회 동굴을 만들기도 한다.

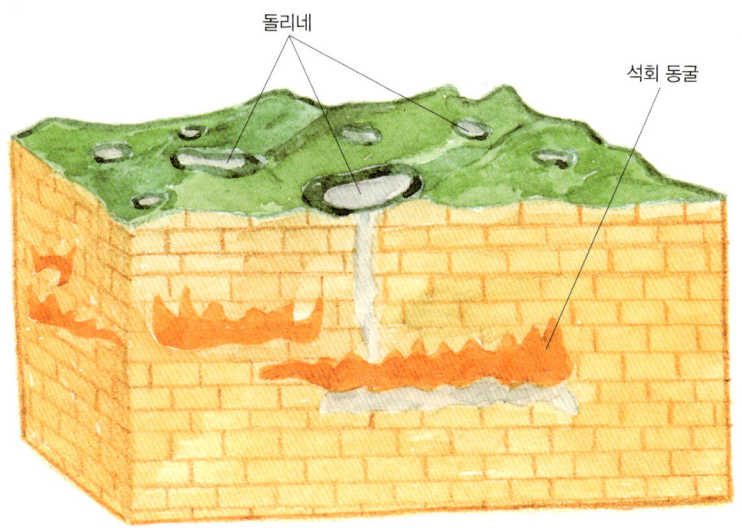

▲카르스트 지형

지하수

땅속, 흙이나 암석의 빈틈에 물이 모여 있는 것으로, 비가 많이 내리는 지방에서는 지표 가까이에 지하수가 흐르고, 사막처럼 비가 적게 내리는 지방에서는 땅속 깊은 곳에 지하수가 흐른다.

빗물이나 지하수의 작용으로 지표의 석회암이 녹으면, 석회 동굴이 무너져서 움푹 들어가 구덩이가 만들어지는데, 이를 '돌리네'라고 한다. 돌리네는 대개 원형 또는 타원형으로 생겼다. 지름이 어떤 것은 수m에 불과하고 어떤 경우에는 수 백m에 이른다고 한다.

강원도 정선군 남면 발구덕 마을에서는 돌리네를 이곳저곳에서 볼 수 있다. 8개의 커다란 구덩이가 있다고 하여 '발구덕'이라는 마을 이름이 붙여졌다고 한다. 커다란 구덩이 8개 이외에도 수많은 작은 구덩이가 있다.

바닷물에서 물을 빼면

> **맛보기 퀴즈**
>
> 오른쪽 사진은 제주도 애월읍 구엄리 마을의 일부를 찍은 것이다. 이 일대는 제주도의 다른 해안에 비해 평평한 암반 지대를 이루고 있다. 이곳은 무엇을 하던 곳일까?
>
>
> ▲구엄리 마을
>
> ① 집을 짓고 살았던 곳 ② 제사를 지내던 곳 ③ 소금을 생산하던 곳

소금은 지구상의 어느 곳에서나 쉽게 발견할 수 있다. 심지어 바다에도 소금이 들어 있다. 바닷물에 들어 있는 소금을 가리켜 '해염'이라고 한다.

소금은 바닷물에 들어 있을 뿐 아니라 암석 형태로도 존재한다. 이를 '암염'이라고 하는데 이러한 암염층은 우리나라에는 거의 없다.

바닷물에 따라 농도가 조금씩 다르기는 하지만 바닷물에서 약 97%의 물을 제거하면 약 3%의 소금을 얻을 수 있다. 이때 물을 제거하기 위해 바닷물을 햇볕에 말리거나, 끓이는 등 다양한 방법을 이용한다.

제주도는 사면이 바다로 둘러싸여 있음에도 불구하고 소금을 얻을 수 있는 적절한 조건을 갖춘 해안이 별로 없다. 이러한 지형적 특성 때문에 육지처럼 대규모의 염전이 발달할 수는 없었지만 소금 생산지가 전혀 없었던 것은 아니었다.

해안 도로변에 있는 구엄리 해안은 제주도에서 보기 드물게 염전이 이루어졌던 곳이다. 구엄 마

▲암염

을 해안에는 바다를 향해 길게 뻗어난 독특한 기암층이 형성되어 있는데, 이 일대의 넓고 편편한 암반 지대가 곧 '소금빌레'라 불리는 소금밭이었다.

50년 전만 해도 이 암반에서 바닷물을 길어다가 햇볕에 증발시켜 소금을 만들었다. 이와 같이 소금을 만드는 방법을 '돌염전'이라 한다.

일반적으로 바닷물을 끌어들여 햇볕에 말려 만들어진 소금을 '천일염'이라고 한다. 이와 같이 바닷물에서 물을 제거해 만들어진 소금을 보면 규칙적인 모양을 하고 있는 아름다운 알갱이를 볼 수 있다. 이를 '결정'이라고 한다.

우리는 염전에 가지 않더라도 소금 결정을 볼 수 있다. 부엌에 가서 맛소금과 굵은 소금을 찾아 살펴보자. 달걀프라이를 할 때 사용하는 맛소금은 일반 소금을 정제하여 만들었기 때문에 소금 결정을 보기 힘들지만, 배추를 절일 때 사용하는 굵은 소금을 보면 결정을 쉽게 볼 수 있다.

광물 가운데는 정육면체나 육각기둥처럼 독특한 모양을 가진 것들이 있다. 마치 칼로 깎아서 만든 것처럼 보이는 이런 모양을 결정이라고 한다. 결정의 모양은 광물마다 다르기 때문에 광물을 구별하는 데 이용되기도 한다.

광물은 지구상에 존재하는 모든 암석을 구성하는 기본 단위이며, 우리 생활 곳곳에 사용되고 있다.

▲육각기둥 모양의 석영

▲정육면체 모양의 황철석

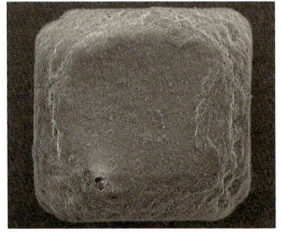
▲정육면체 모양의 소금

 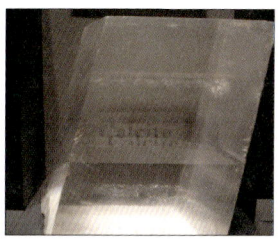 

▲ 팔면체 모양의 다이아몬드　　▲ 기울어진 직육면체 모양의 방해석　　▲ 정십이면체 모양의 석류석

예를 들어 각종 수술에 많이 사용되고 있는 레이저 광선을 만드는 데 가장 먼저 쓰인 물질은 루비였다고 한다. 그 외에도 쿼츠 시계, 비행기, 굴착기, 컴퓨터 칩 등에도 광물이 쓰였다. 쿼츠 시계는 전기를 통하면 규칙적으로 진동하는 성질이 있는 수정을 이용한 것이며, 비행기는 광물의 집합체라고 할 수 있다. 굴착기는 다이아몬드의 단단한 성질을 이용했다. 굴착기 앞부분에는 작은 공업용 다이아몬드가 촘촘히 박혀 있다. 컴퓨터 칩에는 금이 도금되어 있다. 금은 전기가 잘 통하기 때문에 컴퓨터 회로에 쓰인다.

땅속의 귀한 돌, 보석

다이아몬드나 루비, 사파이어처럼 아름답고 변하지 않으며 귀한 광물을 '보석'이라고 한다. 보석은 옛날부터 지금까지 왕관이나 반지, 팔찌, 목걸이 같은 장식품으로 이용되고 있다.

옛날에는 보석에 병을 고치는 힘이나 신비스러운 마술이 들어 있다고 생각하기도 했다. 오늘날도 일부 사람들은 보석에 의미를 부여하기도 하는데, 다이아몬드는 순수함, 진주는 건강, 루비는 정열, 그리고 사파이어는 성실과 덕망을 나타낸다고 한다.

다이아몬드나 루비 같은 보석은 온도와 압력이 높은 땅속에서 만들어진다. 그러나 생물체로부터 만들어지는 보석들도 있다. 진주는 조개 속에서 만들어지고, 호박은 나뭇진이 굳어 만들어지며, 산호는 바다에 사는 산호의 유해가 굳어 만들어진다. 이런 것들은 '비광물 보석'이라고 한다. 요즘에는 다이아몬드나 루비 같은 보석을 인공적으로 만들어 공업용으로 이용하기도 한다.

한편 1월부터 12월까지 각 달마다 정해진 보석이 있다. 이때 자신이 태어난 달에 해당하는 보석을 '탄생석'이라고 한다. 탄생석은 그달에 정해진 보석을 지니면 행운이 깃든다는 믿음에서 시작되었다고 한다.

▲1월 석류석(가닛)　▲2월 자수정　▲3월 남옥(아콰마린)　▲4월 금강석(다이아몬드)

▲5월 에메랄드　▲6월 진주　▲7월 루비　▲8월 붉은 줄 마노

▲9월 강옥(사파이어)　▲10월 단백석(오팔)　▲11월 황옥(토파즈)　▲12월 터키석

바닷물이 날아가면 소금이 남고!

> **맛보기 퀴즈**
>
> 바닷가에서 신나게 놀다가 햇볕에서 젖은 옷을 말렸다. 그런데 웬일일까? 옷에 물기가 없어지면서 하얀 얼룩이 남았다. 이 하얀 얼룩의 정체는 무엇일까?
> ① 때 ② 오염 물질 ③ 모래 ④ 소금

오늘 저녁은 미역국! 엄마는 미역국의 간을 맞추기 위해 소금을 넣었다는데, 신기하게도 우리 눈에는 소금이 보이지 않는다. 물에 전부 녹았기 때문이다. 이처럼 소금은 물에 넣으면 녹는다. 물에 소금이 녹아 있는 소금물을 '용액'이라고 하고, 이때 소금을 '용질', 물을 '용매'라고 한다.

물에 소금을 녹일 때, 물이 많으면 많을수록 녹일 수 있는 소금의 양도 늘어난다. 즉, 용매의 양이 많을수록 용질을 많이 녹일 수 있다. 그리고 같은 양의 용매인 경우 온도가 높을수록 용질을 많이 녹일 수 있다.

일정한 온도, 일정한 양의 용매에는 녹일 수 있는 용질의 양이 한정되어 있다. 이처럼 일정한 온도에서 용매 100g에 최대로 녹을 수 있는 용질의 g수를 나타낸 것이 물질의 온도에 따른 '용해도'이다.

같은 온도에서 물질의 용해도는 물질에 따라 다르기 때문에 온도에 따른 용해도는 물질의 특성이 될 수 있다.

소금이 어떤 온도의 용매인 물에서 최대로 녹아 있는 상태

용해, 용액, 용질, 용매
물질이 액체에 녹아 골고루 퍼져 투명하게 되는 현상을 용해, 물질이 액체에 녹아 있는 것을 용액, 용액을 구성하는 물질 중에 녹아 있는 물질은 용질, 녹이고 있는 액체는 용매라고 한다.

과포화 용액
용액을 천천히 냉각시키면 원래 녹을 수 있는 양보다 많은 양의 고체가 녹을 수 있게 되는데, 이러한 상태의 용액을 과포화 용액이라고 한다.

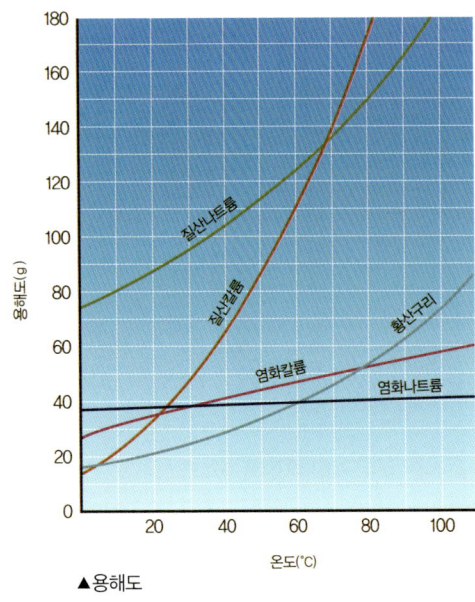
▲ 용해도

를 '포화 용액'이라고 한다. 소금은 다른 물질에 비해 온도에 따른 용해도 차이가 크지 않다. 그래서 용매인 물의 양이 줄어들면 녹아 있던 소금이 더 이상 녹아 있지 못하고 결정으로 바뀐다.

그러나 용매인 물의 양을 늘리면 용질인 소금을 더 녹일 수 있다. 이와 같이 용질을 더 녹일 수 있는 상태의 용액을 '불포화 용액'이라고 한다.

바닷물에서 소금을 얻는 것은 용매인 물의 양을 줄임으로써 용질인 소금이 더 이상 녹지 못하고 결정이 생기도록 한 것이다. 바닷가에서 신나게 놀다가 햇볕에 옷을 말리면 하얀 자국이 남게 되는데, 이 현상도 용매인 물의 양이 줄어들어 용질인 소금이 더 이상 녹지 못하고 결정이 생겨 나타나게 된 현상이다.

석회 동굴 내부의 조각품

맛보기퀴즈

종유석을 볼 수 있는 석회 동굴 두 가지를 고르면?
① 제주도 만장굴 ② 강원도 삼척 환선굴
③ 제주도 협재·쌍룡굴 ④ 충북 단양의 고수동굴

미켈란젤로의 다비드 상, 로댕의 생각하는 사람. 둘 다 세계적으로 유명한 조각상이다. 이들의 표정, 자세 등을 보고 있으면, 실제 사람인 것만 같은 착각이 들기도 한다. 그만큼 정교하기 때문에 높이 평가되고 있는 게 아닐까?

석회 동굴의 생성 과정
석회암(탄산칼슘) + 물 + 이산화탄소(이산화탄소가 녹아 있는 빗물, 지하수)
종류석, 석순, 석주 ⇌ 탄산수소칼슘(석회암이 녹아 있는 용액) 석회동굴

다비드 상, 생각하는 사람이 모두 사람이 직접 조각한 것이라면, 자연이 만든 조각품도 있다. 자연이 만든 조각품에는 어떤 것들이 있는지 알아보자.

빗물은 석회암을 녹이면서 지하로 내려온다. 땅속에서 지하수는 석회암을 녹이면서 서서히 흐르다가 동굴을 만나게 되는데 이때 물에 녹아 있던 탄산칼슘 성분이 남으면서 석회 동굴 내부에 조각품을 만든다. 어떤 조각품일까? 한겨울 처마 밑에 대롱대롱 매달린 고드름을 떠올려 보자. 석회 동굴을 구경하다 보면 천장에 고드름처럼 매달린 '종유석'을 볼 수 있다. 이것은 천장에서 지하수가 떨어질 때 지하수에 녹아 있던 석회암 성분(탄산칼슘)이 고드름과 같은 형태로 굳어 만들어진 것이다.

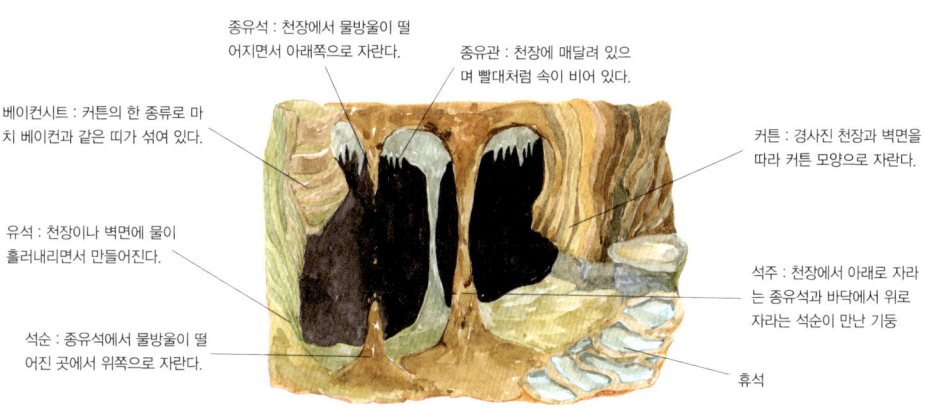

▲석회 동굴

종유석이 아래로 매달리는 모습을 하고 있다면, 이와 반대로 위로 솟은 모습을 하고 있는 것도 있다. 바로 '석순'인데, 천장에서 바닥으로 떨어진 지하수가 위로 자란 것이다.

빨대처럼 천장에 매달려 있는 '종유관'도 있다. 천장에 맺혀 있는 물방울의 주변에 탄산칼슘 성분이 침전하면서 생긴 것인데, 관 속의 물방울이 떨어지지 않은 채 자라기 때문에 맺힌 물방울은 항상 지름을 약 5mm 정도로 유지된다.

종유석이 천장에서 바닥을 향해 계속 자라고, 석순이 바닥에서 천장을 향해 계속 자라다 보면 서로 만나서 하나의 기둥으로 연결된다. 이를 '석주'라고 부른다.

한편 암석 내의 약한 부분을 따라 동굴로 나온 지하수는 경사진 천장이나 벽면을 따라 흘러내린다. 이때 천이 드리운 것 같은 형태로 자라는 것을 '커튼'이라고 한다. 천장뿐 아니라 벽면이나 바닥을 흐르면서 만들어지는 것은 '유석'이라고 한다.

그 외에도 석회 동굴 내부 조각품 중에서 가장 아름다운 조각품으로 꼽히는 돌로 된 꽃 '석화', 계단식 논과 같은 모양의 '휴석', 추상화처럼 모양이 뚜렷하지 않은 '곡석' 등도 있다.

제주도에 많은 용암 동굴

제주도 곳곳에서 우리는 쉽게 동굴을 만날 수 있다. 제주도에 있는 대부분의 동굴은 용암이 지하를 뚫고 빠져나가면서 만들어진 용암 동굴이다.

유명한 용암 동굴 중 하나인 만장굴은 원래 김녕굴과 하나로 이어진 큰 동굴이었으나 가운데 부분과 끝이 무너져 내리면서 두 개의 굴로 나뉘게 되었다. 만장굴은 용암이 만든 동굴로는 세계에서 가장 긴 용암 동굴이라고 한다.

이 동굴 속을 들어가 보면 용암이 훑고 지나가면서 빚어낸 자연 조각품들을 볼 수 있다. 거북이 모양을 하고 있는 거북 바위와 동굴 양쪽에 새의 날개처럼 펼쳐져 있는 날개 바위를 비롯하여, 천장에는 용암이 흘러내려서 생긴 고드름 모양의 종유석이 있고, 바닥에는 용암 석순이 있다.

협재굴과 쌍용굴도 제주도의 유명한 용암 동굴이다. 협재굴과 쌍용굴의 특이한 점은 다른 용암 동굴과는 달리 천장과 바닥이 흰색이라는 것이다. 마치 석회 동굴처럼 말이다. 왜 그런 걸까?

이것은 용암이 훑고 지나간 자리가 석회질 물질이 많은 지층이었기 때문이다. 용암 동굴의 틈새로 수용성 물질로 변한 흰 모래의 성분이 스며들어 용암 동굴의 표면을 덮었고, 그 과정에서 종유석과 석순이 만들어졌다. 그래서 이들은 용암 동굴임에도 불구하고 석회 동굴에서나 볼 수 있는 흰색의 석회 석순과 석회 종유석을 볼 수 있다.

▲만장굴

▲협재굴

실험해 볼까요! 화학 비료 결정꽃 피우기

화학 비료를 20세기 과학이 낳은 가장 좋은 발명품 중의 하나라고 말한다. 실제로 화학 비료는 폭발적으로 증가하는 인구 때문에 발생하는 식량 문제를 해결해 주었다. 20세기 식량 문제의 해결사 역할을 한 화학 비료를 이용하여 결정꽃을 피워 보자.

준비물

요소(꽃가게에서 파는 비료를 사용하면 된다. 우리 소변에도 포함되어 있다. 질소 성분이 많기 때문에 비료나 동물 사료에 들어간다.) 주방용 액체 세제, 본드(반드시 목공용 본드를 사용한다. 공업용 본드는 물과 잘 섞이지 않으므로 사용하면 안 된다.), 수저, 색도화지, 가위, 그릇 여러 개(접시 형태의 낮은 그릇 포함)

탐구 순서

① 요소 포화 용액을 만든다. 보통 실온에서 물 100g 당 요소 120g 정도가 녹으므로 충분한 양을 녹여서 맑은 용액을 만들도록 한다. 주방용 액체 세제와 본드를 4:1의 비율로 섞어서 본드 용액을 만든다.
② 그릇에 요소 포화 용액 2순가락을 넣고, 본드 용액을 2~3방울을 넣어 잘 섞어 준다.
③ 색도화지 2장을 나무 모양으로 오려서 세울 수 있는 도화지 나무를 만든다. 그릇에 세울 수 있을 정도의 크기로 만드는 것이 좋다.

④ ②에 도화지 나무를 세워 둔다. 하루 정도 지난 후 도화지 나무에 나타나는 변화를 관찰한다.

실험 결과

요소 용액은 모세관 현상(물속에 가느다란 관을 세우면 관 안쪽의 수면이 관 바깥쪽보다 높아지는 현상) 때문에 도화지의 미세한 틈을 따라 윗부분까지 따라 올라간다. 용액이 공기와 접하는 면적이 커지면 물이 빨리 증발하면서 녹아 있던 요소는 결정화된다. 여기에서 사용한 세제는 물의 표면 장력을 감소시켜 용액이 도화지나 그릇을 타고 올라가는 것을 도와주는 역할을 한다. 이때 세제를 너무 많이 사용하면 용액이 너무 잘 퍼져 그릇 바깥까지 용액이 흘러넘치게 될 뿐 아니라 증발도 빨리 일어나서 결정이 제대로 자라지 못하게 된다. 특히 겨울철 같이 건조한 경우에는 증발 속도가 매우 빠르기 때문에 랩이나 그릇으로 덮어 증발 속도를 조절해 주어야 한다.

생각 나누기

· 주방용 액체 세제와 목공용 본드를 넣어 주는 이유는 무엇일까?

CHAPTER 09
-P.137 PHOTOGRAPH

SADARI SCIENCE
CHAPTER 09 PHOTOGRAPH

Chapter 09

트레비 광장의 분수

트레비 광장의 분수

▲트레비 광장의 분수

트레비 광장의 분수. 로마에 위치한 분수 중 가장 유명한 분수다. 옛날 전쟁에서 돌아오는 목마른 로마 병정들 앞에 신비한 처녀가 나타나 그들을 이곳으로 인도하였다고 하여 '처녀의 샘'이라고도 부른다. 나중에 아그리파* 장군은 이곳에 수로를 건설하여 로마에 물을 공급하였는데, 수로가 로마에 다다르는 길이 3곳이라 '3'을 뜻하는 '트레'와 '길'을 뜻하는 '비움'이 합해져 트레비움으로 불려지다가 지금의 트레비로 바뀌었다고 한다.

이 분수는 폴리 궁의 한쪽 벽면을 장식하는 조각들로 이루어져 있는데, 조각의 중앙에는 물의 신 오케아노스

아그리파
고대 로마의 정치가. 옥타비아누스를 도와 악티움 해전에서 승리를 거두었고, 집정관이 되어 로마 시의 미화에 힘썼다.

가 바다의 신 트리톤이 이끄는 마차를 타고 있다.

이곳은 등 뒤로 동전을 1개 던지면 로마에 다시 올 수 있고, 2개 던지면 사랑이 이루어진다고 해서 관광객들이 한 번씩 동전을 던지는 곳이기도 하다.

그러나 이처럼 웅장한 모습의 대리석 조각상들이 산성비의 공격으로 조금씩 녹아내리고 있다. 대리석 문화재들을 훼손시키는 산성비의 정체는 무엇이고, 어떤 피해를 가져오는 것일까?

어떤 비가 산성비일까?

대리석 문화재들을 녹이는 산성비! 그럼 하늘에서 내리는 비는 모두 산성비일까?

그렇지는 않다. 지역에 따라 산성비가 내리는 곳도 있고 내리지 않는 곳도 있는데, 산성비의 여부는 pH를 측정하면 알 수 있다. pH는 수소 이온의 농도에 따라 0~14 범위로 나타낸 것인데, pH7을 기준으로 7보다 작으면 산성, 7보다 크면 염기성이다.

그렇다면 산성비가 아닌 깨끗한 빗물은 pH7인 중성일까? 순수한 물의 경우 pH7로 중성이지만 빗물은 아무리 깨끗한 비여도 약한 산성을 나타낸다고 한다. 공기 중의 이산화탄소가 빗물에 녹아서 약한 산성을 띠기 때문이다.

깨끗한 빗물의 pH를 측정하더라도 pH5.6까지 내려간다고 한다. 그래서 pH5.6 이하의 산성도를 가진 비를 산성비라고 부른다. 대개 산성비는 pH4.5~5 정도의 값을 나타내는데, 심한 경우에는 pH4 이하의 비도 내린다. 그렇다면 산성비는 왜 내리는 것일까?

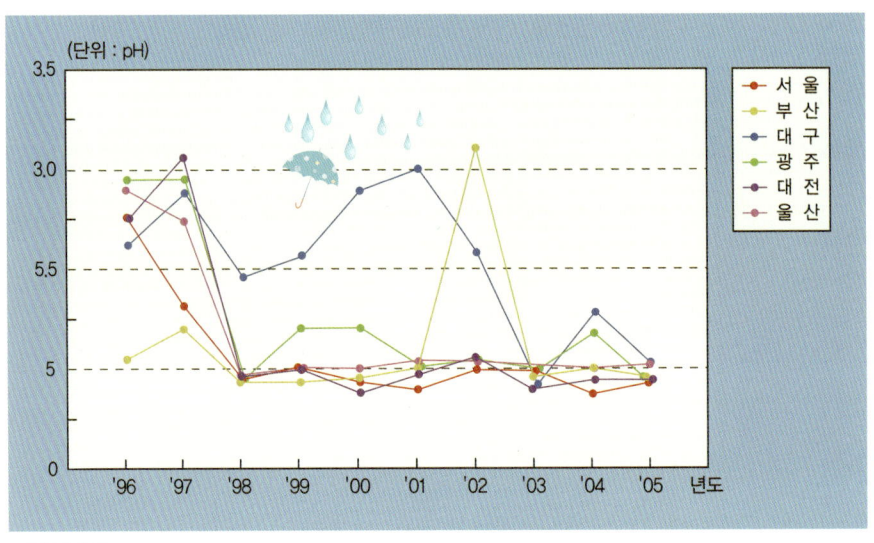

▲산성비 추이

산성비의 주범

맛보기 퀴즈

다음 중 산성비를 내리게 만드는 것은?
① 난방 ② 자동차 배기가스 ③ 소의 트림

산성비의 성분을 조사해 보았더니 인체에 해로운 황산과 질산 성분이 검출되었다. 산성비 속에 녹아 있는 황산과 질산은 도대체 어디에서 온 것일까?

산업이 발달하면서 석탄, 석유 등 화석 연료*의 사용이 크게 늘었다. 특히 자동차, 비행기, 공장 등에서 쉴 새 없이 화석 연료를 쓰고 있는데, 화석 연료에는 불순물인 황과 질소가 들어 있어서, 연료를 태울 때 함께 타

화석 연료
아주 오래 전, 호수나 얕은 바다의 밑바닥에 퇴적된 식물이나 동물의 사체가 오랜 기간 열과 압력을 받아 만들어진 것이 화석 연료다. 화석 연료의 성분인 질소와 황은 동물, 식물 속에 들어 있는 단백질이 분해될 때 생긴다.

서 공기 중으로 나온다. 이처럼 공기 중으로 나온 황과 질소가 비에 녹아서 내리는 게 산성비다.

결국 산성비의 주범은 바로 사람들이다. 편리하다는 이유로 무분별하게 쓴 화석 연료들이 산성비가 되어 돌아온 것이다.

산성비 습격!

가장 민감하게 산성비를 느끼는 것은 식물이다. 식물은 산성비를 맞으면 엽록소가 파괴되면서 갈색 반점이 생기고 말라죽는다. 이렇게 식물이 산성비로 점차 줄어들면 우리는 큰 손실을 입을 수밖에 없다. 식물이 죽으면 우리는 맛있는 식물을 먹을 수 없게 될 뿐 아니라, 더 나아가서는 농작물에 대한 경제적 손실까지 생긴다. 또한 식물을 먹이로 살아가는 동물도 먹이가 줄어들어 살기 힘들어지고 나아가 생태계 파괴로 이어진다.

독일에서는 산성비 때문에 55%의 산림이 피해를 입었으며, 네덜란드, 스위스, 프랑스 등에서도 산성비의 피해가 속출하고 있다고 한다. 유럽에서는 산성비를 '초록색 흑사병', '숲의 에이즈'라고 부를 정도라고 한다.

또한 산성비는 호수도 산성화시킨다. 이렇게 산성화된 호수에서는 수중 생물이 살기 힘들기 때문에 호수 생태계가 파괴된다. 뿐만 아니라 산

▲공장에서 화석 연료를 태우면 그 부산물로 황산화물이 생기며, 고온 고압의 자동차 엔진 배기구에서 질소가 공기 중의 산소가 결합하여 질소산화물이 만들어진다.

▲산성비를 맞아 말라죽은 나무들

석회석
조개껍질 같은 동식물의 잔해나 바다 속 성분이 퇴적되어 만들어진 퇴적암으로 주요 성분은 탄산칼슘이다. 대리암은 이러한 석회석이 열과 압력을 받아 변한 것이다. 대리암과 석회석의 주요 성분인 탄산칼슘은 산과 쉽게 반응하는 성질을 가지고 있기 때문에 산성비에 대리석 조각이 녹아내리는 것이다.

성화된 호수에서는 바닥에 있던 알루미늄 같은 중금속이 녹아서 나오는데, 이러한 중금속이 물고기 몸속에 쌓여 물고기의 번식을 방해하고 물고기를 먹는 사람의 건강까지도 위협한다.

그것만이 아니다. 산성비는 대리석, 석회석*을 녹이는 성질이 있어 각종 문화재도 훼손시킨다. 국보 제2호 원각사지 10층 석탑은 조선 시대에 만들어진 대리암 석탑이다. 이 탑은 산성비로 인한 부식을 방지하기 위해 유리 구조물에 싸여 보호되고 있다.

타지마할은 인도의 대표적인 건축물로, 대리암으로 제작되어 웅장한 규모를 자랑하고 있다. 그러나 산성비로 인해 손상되고 있어 유지 보수 작업에 어려움을 겪고 있다.

▲원각사지 10층 석탑

▲타지마할

산성비로 인한 분쟁
1950년대 초 유럽의 스칸디나비아 지방에 산성비가 내리기 시작했다. 이로 인해 나무들은 말라죽고 호수나 땅의 생물에게 큰 피해가 갔다.

과학자들이 이 현상을 자세히 조사한 결과, 산성비의 원인은 스칸디나비아 인접 국가인 영국이나 독일의 공업 지대에서 발생한 오염 물질이 바람을 타고 이동했기 때문인 것으로 밝혀졌다. 이처럼 한 국가에서 발생한 오염 물질이 인근 국가에 피해를 주자 산성비는 국제적 문제로 떠오르게 되었다.

우리나라도 중국의 급격한 산업화로 인해 방출되는 황산화물과 질소산화물이 바람을 타고 와서 산성비를 뿌리고 있다. 얼마 전 조사 발표에 의하면 제주도에 내린 비 중 97%가 산성비인 것으로 밝혀졌다. 그러나 이는 제주도 자체의 대기 오염보다 중국의 오염 물질이 실려 와 비에 섞여 내린 것으로 추정된다.

산성비 피해 줄이기

이처럼 다양한 피해를 주는 산성비의 피해를 줄이기 위해서는 어떻게 해야 할까? 가장 중요한 것은 산성비를 만드는 주범인 황산화물과 질소산화물을 줄이는 일이다.

이들을 줄이기 위한 방법 중에는 화석 연료가 연소될 때 발생하는 황산화물과 질소산화물을 제거하는 방법이 있다. 이산화황 기체를 다른 물질로 바꾸어 배출해 주는 '탈황장치', 질소산화물을 줄여 주는 '촉매변환기'가 바로 그것이다. 촉매변환기는 자동차에 부착해서 사용하면 질소산화물의 배출을 줄일 수 있다.

무엇보다도 가장 확실한 방법은 화석 연료의 사용을 줄이는 것이다. 화석 연료를 사용하지 않으면 않을수록 공기 중에 녹아 있는 황과 질소의 양도 줄어들 것이다. 이처럼 화석 연료의 사용을 줄이기 위해서는 대체 에너지인 무공해 연료를 개발해 내는 것이 가장 중요하다. 그렇다면 이미 산성화된 토양이나 호수는 어떻게 해야 할까?

산성비를 조금 맞는다고 해서 토양이 금방 산성화되는 것은 아니다. 토양에 있는 무기 염류 등이 산성을 중화시켜 주기 때문이다. 그러나 농작물을 키우면서 땅에 화학 비료를 자주 주고, 산성비를 계속 맞게 하면, 토양은 점점 산성화된다. 산성화된 토양에서는 미생물들이 살기 힘들고, 영양분인 칼륨, 마그네슘, 칼슘 등이 빠져나가 식물이 살아가기가 힘들어진다.

산성 토양을 식물의 재배에 적합한 중성 토양으로 만들기 위해서는 염기성 물질을 뿌려 주어야 한다. 토양에 뿌려 주는 염기성 물질로는 석회를 많이 사용하고 있다.

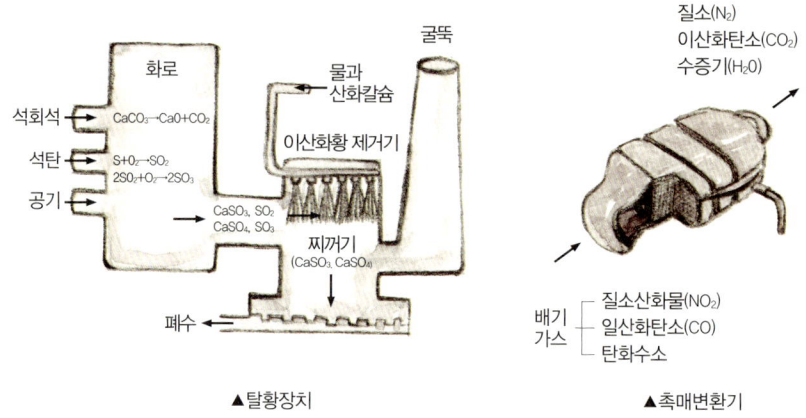

▲탈황장치　　　　▲촉매변환기

화학 비료

19세기 말 식량 부족에서 인류를 구하기 위해서는 식량의 생산량을 늘려야 했다. 그런데 식물이 잘 자라는 데 필수적인 질소 성분은 자연적으로 충분한 양을 얻기 힘들다. 이때 독일의 과학자 '하버'가 질소 비료를 만드는 데 필요한 물질인 암모니아를 공기 중의 질소로부터 얻어 내는 방법을 찾아냈다!

이 방법으로 질소 비료를 대량생산할 수 있게 되었으며, 이를 통해 식량의 생산량도 대폭적으로 늘어날 수 있었다.

하지만 이러한 화학 비료가 좋은 점만 있는 것은 아니다. 농작물들은 화학 비료의 성분 중 필요한 성분만 흡수하기 때문이다. 흡수되지 않은 나머지 성분은 흙 속에 남아 차츰 질산 등의 산성 물질로 변하여 토양을 산성화시킨다. 그래서 요즘은 화학 비료 사용을 줄이고 퇴비*, 곤충 등을 사용한 친환경 농법을 개발하고 있다.

▲ 프릿츠 하버

퇴비
두엄이라고도 하며 풀, 짚, 또는 가축의 배설물 등을 썩힌 거름을 말한다.

생활 속에서 발견할 수 있는 지혜!

> **맛보기 퀴즈**
>
> 신 김치를 덜 시게 먹을 수 있는 방법을 모두 고르자.
> ① 김치찌개를 끓여 먹는다.
> ② 볶아 먹는다.
> ③ 조개껍질을 넣어두었다 먹는다.

봄이 되면, 중국으로부터 불어오는 황사! 황사는 호흡기 질환, 알레르기 등을 유발하는 불청객으로 잘 알려져 있다. 그러나 골칫거리 황사에도 좋은 점이 있다.

황사 속에는 석회 등의 알칼리성 성분이 섞여 있다. 이 덕분에 토양과 호수의 산성화를 방지하는 역할을 한다.

산성화된 토양에 염기성 물질인 석회를 뿌렸던 것처럼 산성 용액과 염기성 용액을 알맞게 섞으면 중성 용액이 된다. 이처럼 산과 염기가 만나 산의

▲ 벌

성질이나 염기의 성질을 잃는 반응을 '중화 반응'이라고 한다.

생활 속에서는 중화 반응을 지혜롭게 이용하는 예가 많다. 어떤 것들이 있는지 알아보자!

만약 벌에 쏘이면 어떻게 될까? 벌에 쏘인 곳은 빨갛게 부어오르고, 심한 경우에는 발작을 일으킬 정도로 위험해지기도 한다. 그렇다면 벌에 쏘였을 때는 어떻게 해야 할까? 빨리 벌침을 뽑아내고 염기성인 암모니아수를 발라야 한다.

벌침의 독은 산성을 띠고 있기 때문에, 염기성인 암모니아수를 바르면 중화되어 아픔이 줄어든다.

우리가 벌레에 물렸을 때 바르는 약에도 염기성 물질이 들어 있다. 벌에 쏘였을 때와 마찬가지로 염기성 약을 발라서 중화시키는 것이다.

벌레에 물렸는데, 약이 없을 때 침을 바르면 가려움증이 덜한 느낌이 드는데, 이것은 침이 약알칼리성이기 때문이다. 하지만 그렇다고 해서 벌레 물린 데에 침을 바르는 것은 옳지 않다. 침을 바르면, 오히려 침 속의 세균이 2차 감염을 일으켜 상처가 덧나기 쉽다. 그러므로 벌레 물렸을 때 침을 바르는 일은 금물!

벌레뿐 아니라 우리도 몸속에 산을 가지고 있다. 위에서 분비되는 위산이 바로 그것인데, 위산은 강한 산성을 띠고 있어 음식 속에 세균을 죽이는 역할을 한다.

그런데 위산이 너무 과도하게 분비되면 위벽이 손상되어 속 쓰림을 유발하기도 한다. 위가 아파 병원에 가면 제산제를 처방해 준다. 제산제는 탄산수소나트륨이나 수산화마그네슘 같은 염기성 물질로 되어 있어서 위산을 중화시켜 주는 역할을 한다.

한편 우리나라를 대표하는 음식인 김치는 오래 두면 발효되어 젖산이라는 물질이 생긴다. 김치가 신맛이 나는 이유는 바로 젖산 때문이다.

김치는 시간이 가면 갈수록 신 맛이 점점 심해지는데, 이럴 때 현명한 엄마는 김치를 찌개에 넣어 끓여 먹거나 볶아 먹는다. 신기하게도 이렇게 먹는 김치는 신맛이 덜 난다. 왜 그런 걸까? 여기에도 과학적인 원리가 숨어 있다! 김치를 끓이거나 익히는 과정에서 젖산이 날아가 신맛이 덜 나게 되는 것이다.

그렇다면 김치를 덜 시게 하는 방법은 없을까? 김장 김치를 넣어 둘 때, 약 10 cm 두께로 밤 잎이나 참나무 잎을 김칫독 밑에 넣어 두면 된다. 밤 잎이나 도토리 잎은 알칼리성이고 김치의 신맛은 산성인데, 이 둘이 만나면 중성이 돼 김치가 덜 시게 되는 것이다.

또 신 김치에 조개껍질이나 달걀 껍질을 깨끗이 씻어서 김치 속에 반나절 정도만 넣어 두면 신맛을 없앨 수 있다. 조개껍질과 달걀 껍질의 성분 또한 알칼리성인 석회질(탄산칼슘)이기 때문에 산성인 김치를 만나 중화 반응을 일으키는 것이다.

▲김치

혹시 비린내가 싫어서 생선을 싫

▲생선

어하는 사람이 있다면 중화 반응을 통해 비린내를 없애 보자. 비린내를 없애려면 레몬을 이용하면 된다. 생선에서 나는 비린내는 '아민'이라는 염기성 물질 때문에 나는 것인데, 레몬에는 '시트르산'이라는 산성 물질이 있어서 생선에 레몬 즙을 뿌리면 비린내를 풍기는 '아민'과 레몬의 '시트르산'이 중화 반응을 일으켜 비린내가 없어진다.

고산병

에베레스트 산처럼 높은 산을 오를 때, 사람들은 어지럽고, 구토가 나는 고산병 때문에 힘들어 한다. 왜 고산병이 생기는 걸까? 여러 가지 원인이 있겠지만, 우리는 혈액의 pH와 관련된 부분을 살펴보도록 하자.

높은 산에 올라가면 공기가 희박해진다. 따라서 몸이 필요로 하는 산소를 공급하기 위해서는 호흡을 더 빨리 해야 한다. 호흡을 빨리 할수록 이산화탄소가 빨리 빠져나가는 것은 당연한 일! 이렇게 빠져나가는 이산화탄소 때문에 고산병에 걸리고 만다.

이산화탄소가 혈액에 녹으면 탄산수소이온과 탄산이 만들어지면서, pH7.4로 약알칼리성을 띠게 된다. 이러한 혈액 속에 산성 물질이나 염기성 물질을 넣어 줘도 pH는 변하지 않고 일정하게 유지된다. 산성 물질을 넣어 주면 탄산수소이온과 중화 반응을 일으키고, 염기성 물질을 넣어 주면 탄산과 중화 반응을 일으키기 때문이다. 이처럼 외부에서 유입되는 산이나 염기와 중화 반응을 하여 산성도를 일정하게 유지하는 것을 '완충 작용'이라고 한다.

그런데 높은 산에 올라가면 이산화탄소가 몸에서 과도하게 빠져나가기 때문에, 혈액의 완충 능력이 없어지고 혈액 자체도 염기성으로 바뀌게 된다. 그래서 산소를 공급받지 않고 에베레스트 산을 올라가면 혈액의 pH는 7.7까지 변하게 되고 고산병에 시달리게 된다. 따라서 높은 산에 갈 때는 산소통을 필수로 가지고 가야 한다는 사실을 잊지 말자!

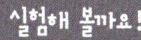

식초와 비눗물 섞기

양배추 지시약을 사용해서 비눗물에 식초를 떨어뜨려 보면서 변화를 관찰해 보자.

준비물
보라색 양배추 1/4쪽, 식초, 비눗물

탐구 순서

① 보라색 양배추를 잘게 잘라 냄비에 넣고 양배추가 잠길 정도로 물을 붓는다.
② 보라색 물이 충분히 우려 나오도록 약한 불에 천천히 가열한다.
③ 유리컵에 비눗물을 채운다.
④ 양배추 지시약을 떨어뜨려 색을 확인한다.
⑤ 비눗물에 식초를 조금씩 떨어뜨리면서 색의 변화를 관찰한다.

실험 결과

비눗물에 양배추 지시약을 떨어뜨리면 비눗물 색깔은 초록빛을 띠게 된다. 이 상태에서 식초를 떨어뜨리면 비눗물은 분홍색으로 변한다. 처음 비눗물이 초록빛을 띤 것은 비눗물이 염기성이기 때문이다. 여기에 산성인 식초를 계속 타면 어느 순간 비눗물은 중성이 되었다가 산성으로 변하며, 이때 비눗물은 분홍빛을 띤다.

생각 나누기

· 식초를 어느 정도 넣었을 때 중성이 될까?

CHAPTER 10
-P.151 PHOTOGRAPH

SADARI SCIENCE
CHAPTER 10 PHOTOGRAPH

Chapter 10

이온 음료의 진실

이온 음료의 진실

▲이온 음료

운동장에서 한바탕 축구 게임을 하고 나니, 땀도 뻘뻘 나고 목도 칼칼하다. 이럴 때 필요한 건 바로 이온 음료!

우리는 언제부턴가 운동을 하고 나면 물 대신 이온 음료를 마시기 시작했다. 운동 후에 이온 음료를 마시면 갈증도 순식간에 사라지고, 힘도 불끈 나는 듯한 느낌을 받는데, 이러한 이온 음료는 어떻게 탄생하게 되었을까?

미국 플로리다 대학의 풋볼 팀, 게이터의 선수들은 전반전을 뛰고 나면 극심한 갈증과 체력 저하로 후반전에는 맥을 추지 못하고 항상 경기에 졌다. 이 문제를 해결하기 위해 팀의 코치는 대학 교수인 로버트 케이드 박사에게 도움을 요청했다고 한다.

운동 후 마시는 물은 우리 몸에 흡수가 잘 안 되는데, 로버트 케이드 박사는 그 이유가 물의 농도와 체액*의 농도가 다르기 때문이라는 것을 알아냈다. 그래서 흡수가 잘 될 수 있도록 전해질* 이온을 첨가하여 체액과 비슷한 농도의 음료를 만들어 내게 되었다.

하지만 처음 만든 음료는 맛이 이상했기 때문에 레몬을 첨가하였는데, 이렇게 해서 탄생한 음료가 바로 최초의 이온 음료, '게토레이'다! 게이터 팀을 도와주는 음료라는 의미에서 이름을 게토레이라고 지었다고 한다.

이 음료는 1965년 10월 게이터 팀과 루지애나 주립대 팀과의 경기에서 첫 선을 보였으며, 이듬해인 1966년 게이터 팀은 우승을 거머쥐게 되었다. 게이터의 실력 향상이 그들이 마시는 음료인 게토레이 덕분이라는 소문이 나면서 이온 음료는 스포츠 음료로 유명세를 타게 됐다.

텔레비전 광고를 보면 이온 음료를 '알칼리성 이온 음료'라고 광고하는 것을 볼 수 있다. 광고처럼 이온 음료는 정말로 알칼리성인 것일까?

체액
동물의 몸속에 있는 혈관이나 조직의 사이를 채우고 있는 혈액, 림프, 뇌척수액, 등을 통틀어 이르는 말

전해질
물 등의 용매에 녹아서, 이온화하여 음양의 이온이 생기는 물질. 전도성을 띠며, 전기 분해가 가능하다.

레몬은 왜 신맛이 날까?

알칼리성 이온 음료가 정말 알칼리성인지 알아보기 위해서는 산성과 염기성에 대해 알아야 한다. 먼저 산성에 대해 알아보자.

어느 버라이어티 방송에서는 게임을 해서 지면, 벌칙으로 식초를 마시게 한다. 식초를 마시는 연예인의 찌푸린 얼굴을 보고 있으면, 웃음이 나기도

하면서 식초 맛이 느껴지는 듯한 느낌이 들기도 한다.

그렇다면 식초는 무슨 맛일까? 굳이 마셔 보지 않아도 식초가 시큼한 맛이 난다는 사실을 우리는 잘 알고 있다. 식초! 우리 주변에서 가장 흔하게 볼 수 있는 산성 물질 중의 하나가 바로 식초다. 식초에서 나는 신맛은 사실 대부분의 산성 물질이 가지고 있는 특징이다. 오렌지, 레몬, 귤 등의 과일에서 신맛이 나는 것도 과일 속에 산이 들어 있기 때문이다. 이온 음료도 마셔 보면 약간 시큼한데, 이것은 음료에 포함된 구연산*이나 과일 성분이 산성이기 때문이다.

산은 신맛의 특성뿐 아니라 금속을 녹이는 성질도 갖고 있다. 이러한 성질을 이용해 동판화를 만들 수 있는데, 동판화는 판화의 한 종류로 에칭 기법이라고 부른다.

동판화를 만들기 위해서는 우선 동판에 '그라운드'라는 것을 입힌 후 뾰족한 도구로 그림을 그린다. 그러면 그림을 그린 부분만 그라운드가 벗겨지는데, 이것을 질산 부식액에 넣으면 질산이 그라운드가 벗겨진 부분을 녹이면서 홈이 파이게 된다. 그라운드를 벗겨 낸 뒤 잉크를 발라 종이에 찍어 내면 드디어 판화 완성!

이러한 동판화 기법은 갑옷의 장식 무늬를 새기던 기술에서 유래한 것으로, 1513년 스위스 미술가 우르스 그라프가 철판을 이용해 제작한 것이 동판화의 시초라고 한다.

구연산
무색무취의 고체로 물과 알코올에 잘 녹고 신맛이 있다. 레몬이나 귤 등의 과실 속에 들어 있으며 청량음료, 의약품 등에 첨가제로 쓰인다. 화학식은 $C_3H_4OH(COOH)_3$

렘브란트(1606~1669)
바로크 시대의 네덜란드 화가. 순수 에칭 판화를 최초로 시도한 화가이자 최고의 거장으로 손꼽힌다. 300점 이상의 에칭 작품을 만들었다.

▲렘브란트*의 에칭화

클레오파트라가 마신 식초

고대 이집트에 빼어난 미모의 '클레오파트라'라는 여왕이 살고 있었다. 당시 최강국이었던 로마로부터 이집트를 지키기 위해 클레오파트라는 '안토니우스'라는 로마의 장군을 자신의 배로 초대했다고 한다.

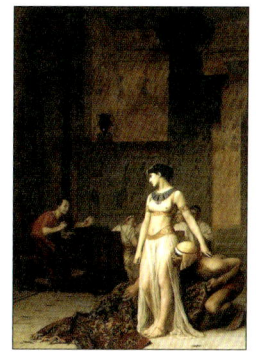

▲ '장 제롬'이 그린 클레오파트라

클레오파트라는 안토니우스를 초대하면서 한 번의 연회에 1만 세스테르티아(로마의 화폐 단위)를 다 쓰겠다고 호언장담을 했다. 말도 안 된다고 생각한 안토니우스는 클레오파트라와 내기를 했다. 돈을 다 쓰면 클레오파트라가 이기고 다 쓰지 못하면 자신이 이기는 내기를 말이다.

연회는 보통의 연회와 별다를 것이 없었고, 안토니우스는 코웃음을 치며 자신이 이겼다고 생각했다. 그때였다. 클레오파트라는 술잔에 식초를 담아 오라고 명령했고, 식초가 담긴 술잔에 자신의 귀에 걸고 있던 커다란 진주를 넣어 버렸다. 그리고 모두가 지켜보는 가운데 진주가 녹아 버린 식초를 마셨다. 그 당시에는 진주가 매우 비싼 보석이었는데, 이 행동으로 클레오파트라는 안토니우스와의 내기에서 이길 수 있었다.

개미와 쐐기풀이 갖고 있는 무기!

맛보기퀴즈

개미와 쐐기풀의 공통점은?
① 색깔 ② 크기 ③ 사는 곳 ④ 분비물

소설 《개미》*를 보면, 개미들이 개미산을 쏘면서 서로를 공격하는 장면이 있다. 개미들은 뱃속에 개미산을 가지고 있는데, 이 산에 쏘이면 따끔하면서 피부에 물집이 생기기도 한다.

개미산의 원래 이름은 '포름산'으로, 1670년에 피셔라는 사람이 개미를 증류하여 얻었기 때문에 라틴어로 개미를 뜻하는 'formica'라는 단어를 따서 이름을 붙인 것이다.

개미처럼 산을 분비하는 식물도 있다. 안데르센의 동화 《백조왕자》에는 마법에 걸려 백조가 된 오빠들을 구하기 위해 막내 여동생이 가시투성이의 쐐기풀을 이용해 아픔을 참으며 옷을 만드는 장면이 나온다.

쐐기풀은 온몸에 가시털이 나 있는데 맨살에 닿으면 찌릿한

개미
프랑스 작가 베르나르 베르베르의 소설.

▲개미

▲쐐기풀

통증이 느껴진다. 이것은 쐐기풀에서 개미산이 분비되기 때문이다.

한편 영국의 한 지역에서는 쐐기풀 먹기 대회도 열린다고 하는데, 이 대회에서 고통을 참아 가며 20m의 쐐기풀을 먹은 사람이 1등을 차지했다고 한다.

식초 이야기

인류가 오래 전부터 사용해 온 자연산 조미료, 식초! 기원전 5000년경 고대 바빌로니아 인들이 포도, 무화과 등으로 만든 와인을 발효시켜 만든 것이 최초의 식초라는 이야기가 전해진다. 식초는 영어로 vinegar인데 이 단어는 프랑스어인 vin(포도) +aigre(신맛)의 합성어인 vinaigre에서 유래한 것이다.

우리나라에서도 삼국 시대부터 식초를 먹은 것으로 보인다. 조선 시대 이수광의 《지봉유설》[*]에 따르면 식초를 고주(苦酒)라고 불렀다고 한다. 쓴맛이 나는 술이라는 뜻이다. 술의 알코올이 발효되면 신맛이 나는 산성 물질이 만들어지는데, 이 물질이 바로 '아세트산'이다. 아세트산에 물을 섞어 묽게 만든 것이 바로 식초다.

식초의 산성 물질은 세균을 죽이기도 한다. 오이 피클은 식초에 절여서 만든 음식인데 식초에 절임으로써 세균이 늘어나는 속도를 줄여 음식을 오랫동안 보관할 수 있다. 또한 과일과 곡물을 발효시켜 만든 식초에는 다양한 효능이 들어 있어 약으로 이용되기도 하였다. 의학의 아버지로 불리는 히포크라테스는 기원전 420년경 기침 환자나 세균 감염 환자에게 식초를 처방하기도 했다.

지봉유설
조선 선조 때의 학자 이수광이 지은 책. 우리나라 최초의 백과사전적인 저술로, 천문·지리·병정·관직 등의 25부문 3,435항목을 고서에서 뽑아 풀이하였다.

비누는 왜 미끌미끌할까?

> **맛보기 퀴즈**
>
> 산성은 신맛이 나는데, 염기는 어떤 맛이 날까?
> ① 단맛 ② 쓴맛 ③ 신맛 ④ 매운맛

신맛과 금속을 녹이는 성질이 산의 특징이라면, 염기는 공통적으로 어떤 성질을 가지고 있을까?

수산화나트륨은 강한 염기성 물질인데 손에 닿으면 미끌미끌한 느낌이 난다. 염기성 물질은 단백질을 녹이는 성질이 있는데, 피부에 닿으면 피부의 단백질을 녹이기 때문에 미끌미끌한 느낌이 나는 것이다. 미끌미끌한 촉감은 염기의 대표적인 성질이다. 우리가 손을 씻거나 세수를 할 때 사용하는 비누의 미끌미끌한 감촉을 떠올려 보자. 비누는 강한 염기성 물질인 수산화나트륨으로 만들어졌기 때문에 이러한 염기의 성질을 띤다. 수산화나트륨은 비누뿐 아니라 곰팡이 제거제로도 많이 사용된다. 또한 머리카락 등으로 막힌 배수구를 뚫는 데도 쓰인다.

한편 우리는 생활 속에서 염기성이라는 말도 쓰고 알칼리성이라는 말도 쓴다. 어떤 것이 정확한 표현일까? 둘 다 비슷한 뜻이지만, 정확히 말하면 염기성이 알칼리성보다 더 큰 개념이라고 할 수 있다.

염기성이란 말은 산성에 대비되는 말로 염기가 나타내는 성질을 말하는데, 이러한 염기의 성질은 주로 물에 녹았을 때 많이 나타난다. 염기 중에서도 물에 잘 녹는 염기를 알칼리라고 구분하여 부르고, 알칼리에 의해 나타나는 성질을 알칼리성이라고 한다.

식초나 과일처럼 약한 산성 물질은 먹었을 때 신맛이 난다. 그렇다면 염기는 어떤 맛이 날까?

빵을 만들 때 쓰는 베이킹파우더는 약한 염기

▲여러가지 모양의 비누

성 물질인데, 먹어 보면 약간 쓴맛이 느껴진다. 이처럼 대부분의 염기는 쓴맛을 가지고 있다.

그런데 모든 염기를 먹을 수 있는 것은 아니다. 베이킹파우더와 같이 약한 염기는 맛볼 수 있지만, 강한 염기는 먹으면 안 된다. 염산이나 황산과 같이 강산을 먹으면 매우 위험하듯이 강한 염기도 먹으면 위험하다. 대표적인 강한 염기로는 수산화나트륨이 있다.

조상들은 빨래를 할 때 오줌을 사용했다는데!

조상들은 빨래를 할 때 오줌을 사용했다는 정말일까?
① 그렇다 ② 그렇지 않다

<맛보기퀴즈>

비누가 없던 시절, 우리 조상들은 '잿물'을 빨래에 이용했다. 잿물은 짚이나 콩깍지 등을 태운 뒤 그 재를 물을 부어 우려낸 물이다.

잿물은 주로 면이나 마로 된 옷감을 빨 때 주로 썼고, 비싼 천인 명주는 콩가루나 녹두 물을 사용해 빨았다고 한다. 콩가루와 녹두 가루를 섞은 것을 '비루'라고 불렀는데, 지금의 '비누'라는 말이 여기서 유래했다고 말하기도 한다.

궁궐의 궁녀들은 녹두와 팥 등을 갈아 만든 '조두'라는 것으로 세수를 했다고 한다. 이것으로 세수를

▲김홍도 빨래터

규합총서
조선 순조 9년(1809)에 빙허각 이씨가 편찬한 부녀자의 생활 지침서.

하면 얼굴이 깨끗하고 하얗게 되는 효과가 있다고 한다.

한편 《규합총서》*라는 책에 의하면 오줌으로 손을 씻고 세탁을 했다는 기록이 나온다. 오줌으로 손을 씻고 빨래를 하는 것이 더럽다는 생각이 들겠지만 여기에도 과학적인 원리가 숨어 있다. 오줌에는 암모니아가 들어 있는데, 이 암모니아가 세정 작용을 한다. 즉 옛 조상들이 괜히 오줌으로 빨래를 한 것은 아니라는 말이다.

흔히 양잿물이라고 부르는 수산화나트륨을 이용한 것은 조선 말기 개항 이후부터였다고 한다. 서양에서 들여 온 잿물이라고 해서 양잿물이라 부른다.

닥종이

우리 조상들은 닥나무를 이용하여 닥종이를 만들었다. 여기서도 조상들의 지혜를 엿볼 수 있다. 닥종이를 만드는 과정에는 메밀짚을 태운 잿물을 닥나무 껍질과 함께 삶는 과정이 있다. 이렇게 만들어진 닥종이는 약 알칼리성을 띠게 된다.

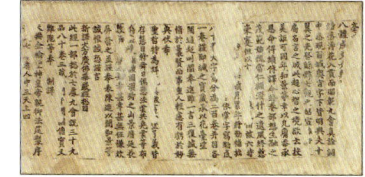
▲ 닥종이에 찍은 대방광불화엄경

원래 종이는 주성분인 셀룰로오스가 공기 중의 산소와 만나 산화되면서 누렇게 변한다. 그러나 잿물에 삶은 종이인 닥종이는 약 알칼리성을 띠게 되어 이런 산화 반응도 줄고, 세균이 잘 붙지 않아 다른 종이에 비해 질기고 오래 사용할 수 있다.

수국으로 산성과 염기성 구분하기

> **맛보기퀴즈**
> 수국 색깔을 내 마음대로 할 수 있을까?
> ① 있다 ② 없다
>
>
> ▲ 수국

우리 주변의 물질을 어떻게 산과 염기로 구분할 수 있을까? 물론 먹어 보고 맛으로 구분해 볼 수도 있겠지만 강한 산과 강한 염기는 위험하기 때문에 절대로 먹어서는 안 된다. 산과 염기를 구분할 때는 지시약을 사용하면 된다.

지시약은 물질의 산성도에 따라 자신의 색깔을 변화시켜 그 물질이 어떤 특성을 지니는지 구분해 주는 역할을 한다. 그렇다면 지시약은 어떻게 발견되었을까?

지시약을 처음 발견한 사람은 17세기 영국의 과학자 '보일'이다. 어느 날 그는 황산을 얻기 위한 실험을 하던 중, 실험 기구 옆에 둔 제비 꽃다발에 연기가 나는 것을 발견했다. 보일은 제비꽃에 황산 증기가 묻었다고 생각하고 물에 담가 두었는데, 잠시 후 물에 담긴 제비꽃이 빨간색으로 변해 버리고 말았다. 이를 지켜본 보일은 호기심이 발동했고, '산 때문에 색깔이 변한 것일까?'라고 생각하며 제비꽃에 스포이트로 다른 산을 떨어뜨려 보았다. 마찬가지로 제비꽃은 빨갛게 변했고, 이것을 계기로 보일은 우연히 지시약 성분을 발견했다. 보일은 제비꽃뿐만 아

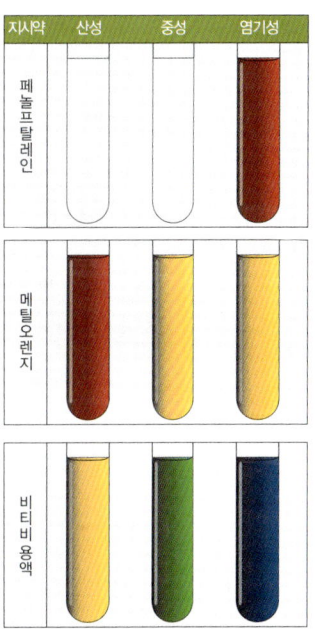
▲ PH 지시약 종이

니라 튤립, 자스민, 리트머스 이끼 등에서도 똑같은 실험을 했고, 결국 지시약을 발견하게 되었다.

그렇다면 꽃잎의 어떤 성분이 산성과 염기성에 따라 색을 변하게 하는 것일까? 바로 '안토시아닌'이라는 색소 때문이다. 안토시아닌은 수용성 색소로 물에 끓이면 녹아 나온다. 안토시아닌을 사용해 만든 지시약은 산성과 만나면 붉은색으로 염기성을 만나면 푸른색 계열로 색이 변한다.

한편 꽃 중에는 재미있는 꽃이 하나 있다. 바로 '수국'이다. 수국은 꽃잎에 안토시아닌 색소를 가지고 있어서 토양의 산성도에 따라 꽃잎의 색깔이 변한다. 염기성 토양에서는 붉은색의 꽃이 피고, 산성 토양에서는 청자색 꽃이 핀다.

▲붉은색 수국

▲푸른색 수국

이러한 과학적 원리를 이용하면 마음대로 수국의 꽃 색깔을 바꿀 수 있다. 수국에 꽃이 피기 전 땅에 석고 가루(염기성)를 뿌려 주면 분홍색 꽃이 피고, 백반(산성)을 묻어 두면 청색 꽃이 핀다.

카레도 지시약이다!

인도에서 유래된 카레는 건강식품으로 각광받고 있다. 카레가 노란 것은 카레에 들어 있는 '강황' 때문이다. 강황은 인도 지방에서 재배되는 식물인데, 향이 독특하고 강하여 오래 전부터 음식의 향을 내는 데 사용되곤 했다. 이러한 카레의 강황 성분은 염기에서 색깔이 변한다. 산성에서는 색깔의 변화가 없지만 염기성에서는 붉은색으로 변한다.

▲ 카레

알칼리성 식품과 산성 식품

> 우리의 체액은 염기성일까 산성일까?
> ① 염기성 ② 산성
>
> **맛보기퀴즈**

알칼리성 이온 음료는 정말 알칼리성일까? 가장 잘 알려진 상품 2가지를 골라 리트머스 시험지*를 이용해 측정해 보았다.

실험 결과 두 가지 음료 모두 산성으로 나타났다. 그렇다면 '알칼리성 이온 음료'라는 광고는 잘못된 것일까?

교과서에서 말하는 산성, 알칼리성과 식품에서 말하는 '산성 식품', '알칼리성 식품'은 그 의미가 조금 다르다. 식품에서는 물질 그 자체가 가지고 있는 성질이 아니라 몸속에 들어갔을 때 산성을 띠느냐 염기성을 띠느냐에 따라 성질을 결정하기 때문이다. 따라서 알칼리성 이온 음료는 그 자체는

리트머스 시험지
리트머스 시험지는 네덜란드 등에서 자라는 이끼류에서 얻은 물질을 가지고 만든 수용액을 물들인 종이다. 붉은 색과 푸른색 두 가지 종류가 있는데, 붉은 색은 염기성에서 푸른색으로 변하고 푸른색은 산성에서 붉은 색으로 변한다.

산성이지만 몸속에 들어가서는 알칼리성을 띠게 된다. 산성의 대표적인 성질인 신맛을 가지고 있는 과일들도 사실 알칼리성 식품으로 분류된다.

한편 우리 몸속의 체액은 산성일까, 알칼리성일까? 우리의 체액은 pH 7.4로 약 알칼리성이다. 그래서 알칼리성 식품을 위주로 먹는 것이 건강에 좋다는 이야기도 있다. 과학적으로 산성 식품이 나쁘다고 단정 지을 수는 없지만 문제는 우리가 평소에 산성 식품 위주로 먹는다는 것에 있다.

육류, 달걀, 생선, 밥, 과자, 초콜릿, 인스턴트 식품 모두 몸속에서 산성을 띠는 음식들이다. 이렇게 산성 식품만 먹게 되면 몸의 균형이 깨지고 몸에 이상이 생기게 될 수도 있다. 따라서 알칼리성 식품도 골고루 섭취하는 것이 좋다.

그렇다면 어떤 것이 알칼리성 식품일까? 비타민, 칼슘, 칼륨 등 무기질을 많이 함유한 과일, 채소가 대표적인 알칼리성 식품이다. 알칼리성 식품들은 칼륨, 칼슘, 마그네슘 같이 몸에 좋은 무기질을 많이 포함하고 있어 건강에 좋다.

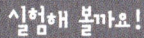

알록달록 색이 변하는 신기한 물

천연 지시약의 하나인 양배추 지시약을 사용해서 색이 변하는 신기한 물을 만들어 보자.

🧪 준비물
보라색 양배추 1/4쪽, 유리컵, 드라이아이스, 비눗물

🧪 탐구 순서

① 보라색 양배추를 잘게 잘라 냄비에 넣고 양배추가 잠길 정도로 물을 붓는다.
② 보라색 물이 충분히 우러 나오도록 약한 불에 천천히 가열한다.
③ 유리컵에 물을 채우고 양배추 지시약을 떨어뜨린다.
④ 물에 비눗물을 섞고, 약간의 드라이아이스를 넣는다.

실험 결과

드라이아이스가 점점 녹으면서 처음에 연녹색이던 물의 색깔이 연보라색으로 바뀌고 조금 더 지나면 약간 붉은빛으로 바뀐다.

생각 나누기

· 무엇 때문에 시시각각 색깔이 변했을까?
· 드라이아이스에서 나온 것은 무엇이었을까?
· 색의 변화를 보면서 유리컵 속의 물은 산성인지 염기성인지 알아보자.

CHAPTER 11
-P.167 PHOTOGRAPH

SADARI SCIENCE
CHAPTER 11 PHOTOGRAPH

Chapter 11
세상에서 가장 향기가 진한 꽃

세상에서 가장 향기가 진한 꽃

▲라플레시아, 타이탄 아룸

라플레시아. 직경이 1m가 넘는 거대한 꽃이다. 다른 식물의 뿌리나 줄기에 기생하는 식물로 뿌리, 줄기, 잎은 없고 거대한 꽃잎만 자라난다. 꽃이 피는 데는 1개월 이상 걸리지만 3~7일 이내에 져 버리는 특징이 있다.

타이탄 아룸. 키가 240cm나 되는 이 세상에서 가장 키가 큰 꽃이다. 40여 년을 사는 동안 꽃은 2~3번만 핀다고 한다. 게다가 피어도 약 48시간 동안만 피어 있기 때문에 꽃을 관찰하기가 무척 어려운 식물이다.

이 두 식물은 여러 가지로 공통점이 많다. 인도네시아가 원산지로 더운 지방에 살고 있다는 점이 같으며, 심한 악취를 풍긴다는 점도 같다. 타이탄 아룸의 경우, 시체 썩는 냄새가 난다고 해서 '시체 꽃'이라 불리기도 하는데, 800m 밖에서도 그 냄새를 맡을 수 있을 정도라고 한다.

　그렇다면, 이 꽃들에게서 심한 냄새가 나는 것은 왜일까? 바로 '꽃가루받이'를 하기 위해서다. 이 꽃들이 사는 지역에는 파리가 많다고 한다. 그래서 이 꽃들은 꽃가루받이에 파리를 이용한다.

　보통의 꽃이 달콤한 꿀이나 예쁜 색으로 곤충이나 벌을 유인하는 반면, 이 꽃들은 파리를 유인하기 위해 파리가 좋아할 만한 악취를 낸다. 또한 이 꽃들은 꽃이 피는 시기가 굉장히 짧기 때문에, 빠른 시일에 파리를 유인해야 한다. 그래서 꽃도 크고 악취도 심하게 나는 것이다.

　그렇다면 이러한 '냄새'의 정체는 무엇이고, 어떻게 퍼지는 걸까?

공기의 무게는?

　수업을 듣는데, 어디선가 '뿡~' 하는 소리가 나더니, 방귀 냄새가 스물스물 코끝을 자극하기 시작한다.

방귀 냄새, 꽃향기, 맛있는 음식 냄새. 이러한 냄새 분자가 공기 중에 퍼져 우리의 코까지 올 수 있는 것은 냄새도 일종의 기체이기 때문이다.

한편 늘 우리 옆에 있으면서 냄새가 나지 않는 것이 있다. 바로 공기!

우리는 평소에 공기가 있는지 없는지 신경을 안 쓰고 살아간다. 공기는 색이 없어서 눈에 보이지도 않고, 냄새도 없어서 존재를 느낄 수 없기 때문이다.

하지만 사실 공기는 우리 주변에 부피를 차지하고 있고, 무게도 있다. 1cm³당 약 1,003kg인데, 만약 30평 아파트 안에 있는 공기의 무게를 가늠해

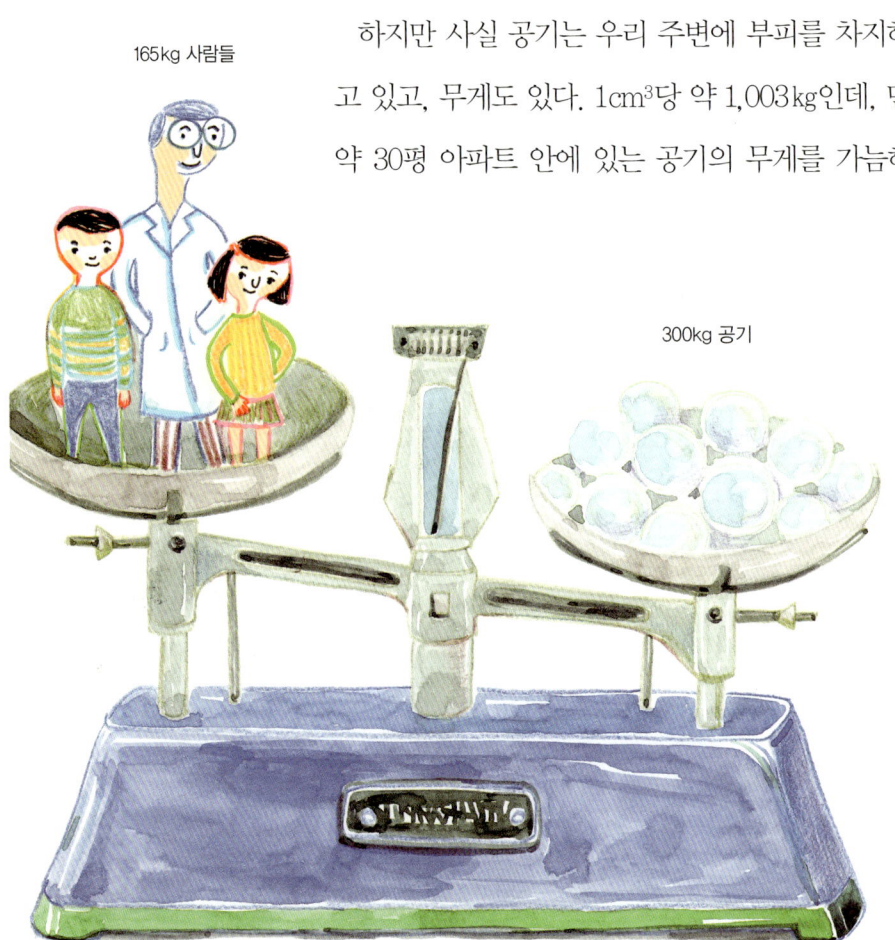

165kg 사람들

300kg 공기

▲아파트 안의 공기와 아파트 안에 사는 사람들의 무게를 비교해 보면 공기가 더 무겁다.

보면, 약 300kg이나 된다! 이렇게나 무거운 공기의 존재를 평소에 못 느낀다는 사실이 참으로 놀랍다.

공기는 질소, 산소, 아르곤, 이산화탄소 등 여러 가지 기체가 섞여 있는데, 이렇게 공기를 구성하고 있는 기체들은 우리 생활과 밀접하게 연관되어 있다. 그럼 다양한 기체의 종류와 쓰임새를 알아보자.

산소가 필요해!

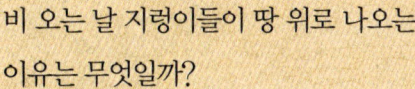
비 오는 날 지렁이들이 땅 위로 나오는 이유는 무엇일까?

맛보기퀴즈

▲지렁이

우리가 살아가기 위해 꼭 필요한 산소의 존재를 알아차린 사람은 영국의 과학자 '프리스틀리'다.

그는 1774년, 적색 산화수은을 가열하는 과정에서 기체를 하나 얻었다. 이 기체를 가지고 이것저것 실험을 하던 중 그는 이 기체 속에서 촛불이 더 잘 탄다는 것을 알아냈다. 그는 이 기체를 얻는 방법

▲프리스틀리

세상에서 가장 향기가 진한 꽃 171

▲아마존 마나우스 우림

라부아지에
프랑스의 화학자(1743~1794). 근대 화학의 창시자로, 연소의 원리를 발견하고 물의 조성을 밝혔으며 '질량 보존의 법칙'을 발표하였다.

을 '라부아지에'*에게 알려 주었다. 라부아지에는 이 기체에 '산소'라고 이름 붙였다.

지구 대기의 약 21%를 차지하는 산소는 생명체가 살아가는 데 매우 중요한 역할을 한다. 사람들은 숨을 쉴 때 산소를 들이마시게 되는데, 이렇게 해서 우리 몸에 들어온 산소는 온몸을 돌면서 에너지를 만드는 데 사용된다. 성인의 경우, 하루에 500L의 산소가 필요하다고 한다.

사람들은 끊임없이 숨쉬기를 한다. 그럼에도 불구하고, 왜 산소는 부족해지지 않고 늘 21%를 유지하는 것일까? 그것은 바로 식물 덕분이다. 식물은 이산화탄소를 이용하여 광합성을 하고, 산소를 공기 중으로 내보내는데, 식물이 매년 만들어 내는 산소량은 약 2,000억 톤이나 된다고 한다. 특히 세계 최대의 밀림 지역인 아마존은 '지구의 허파'라고 불리며 지구 산소의 20%를 만들어 내고 있다.

그런데 최근에는 개발이라는 명목으로 사람들이 산림을 훼손하고 있어서 점점 숲이 줄어들고 있다. 우리나라에서도 매년 여의도 면적의 5배에 이르는 산림이 사라지고 있다고 한다. 어떤 과학자는 이대로 가다가는 산소가 계속 줄어들어서 10만 년 후에는 산소가 없어질지도 모른다고 경고하기도 했다.

1970	100%(1970년대 숲)
1990	90%
2000	86%
2006	82%

▲1970년대를 100%로 보았을 때 숲의 면적

사람들은 잠시도 산소가 없이는 살 수 없다. 특히, 우리 몸을 조종하는 뇌는 산소를 가장 많이 필요로 하는 기관인데, 만약 산소가 3분 이상 뇌에 공급되지 못하면 그 기능을 멈추고 만다. 연구에 의하면 산소가 잘 공급될수록 기억력이 좋아진다고 한다. 공부할 때, 공부한 내용이 머릿속에 쏙쏙 들어올 수 있도록 환기를 잘 시켜 주는 것이 어떨까?

산소와 만나면 안 돼!

산소는 사람들이 살아가는 데 중요한 역할을 하지만 때로는 피해를 입히기도 한다. 철이 녹슬어 못 쓰게 된 것을 본 적이 있을 것이다. 철이 녹스는 것은 바로 산소 때문이다. 산소와 철이 만나면 산화하기 때문에 녹이 슨다.

그래서 사람들은 산소와의 만남을 막기 위해 페인트칠이나 기름칠을 한다. 우리가 자주 보는 알루미늄 캔 역시 얇은 막을 입혀서 알루미늄이 녹슬지 않도록 한 것이다.

한편 사과를 먹다 보면 좀 전에 깎아 둔 사과의 색깔이 갈색으로 변하는 것을 볼 수 있는데 이것 역시 산소에 의해 생긴 '갈변 현상'이다. 갈변 현상을 막기 위해 현명한 엄마는 사과에 설탕을 뿌리거나 소금물에 담가 놓기도 한다.

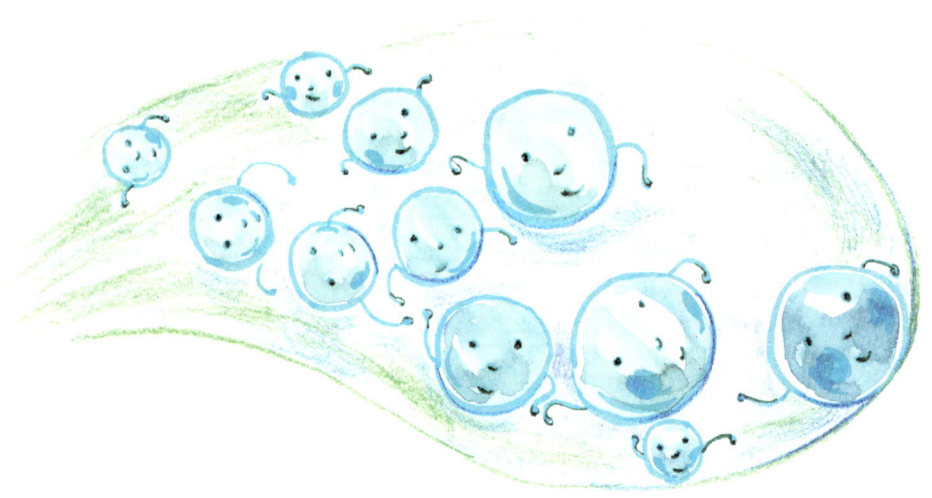

이산화탄소를 찾아서!

맛보기퀴즈

집에서 사이다를 만들려고 한다. 사이다 특유의 톡 쏘는 맛을 내기 위해서는 물에 무엇을 넣어야 할까?
① 얼음 ② 드라이아이스 ③ 박하 가루 ④ 식초

톡 쏘는 맛이 일품인 탄산음료. 탄산음료를 따면 보글보글 생기는 기포를 볼 수 있다. 탄산음료에 들어 있는 이 기포의 정체는 바로 '이산화탄소'!

탄산음료를 처음으로 발견한 사람은 영국의 화학자 '프리스틀리'이다. 그는 맥주를 만드는 양조장 가까이에 살았는데, 어느 날 맥주를 만들 때 생기는 거품의 정체가 무엇인지 궁금해졌다.

그는 여러 가지 실험을 통해 이 거품에 이산화탄소가 녹아 있다는 사실을 알아냈고, 이산화탄소 때문에 톡 쏘는 상쾌한 맛이 난다는 것을 알았다.

그래서 그는 석회석에 산을 넣어 이산화탄소를 만들고, 이것을 다시 물에 녹여 소다수를 만들기에 이르렀다. 여기에 과일향이나 카페인, 인산 등을 넣어서 만든 것이 우리가 즐겨 먹는 사이다, 콜라다!

한편 이산화탄소가 녹아 있는 물을 '탄산수'라고 하는데, 인공적으로 만든 것 외에도 자연적으로 이산화탄소가 녹아 있는 물이 있다. 충북 청원

광천수(鑛泉水)
미네랄워터라고도 한다. 땅속에서 솟아나는 샘물 중에서 칼슘, 마그네슘, 칼륨 등 광물질이 함유되어 있는 물을 일컫는다. 세계 광천 학회에서 미국의 샤스터, 영국의 나포리나스와 함께 초정리 광천수를 세계 3대 광천수로 뽑고 있다.

동국여지승람
조선 성종 때의 지리서

▲탄산음료

군 초정리에 가면, 천연 탄산수를 맛볼 수 있다. 초정 약수라 불리는 이 물은 세계 3대 광천수[*] 중 하나로도 유명하다.

이 초정 약수는 600년이 넘는 역사를 가지고 있다. 기록에 의하면 세종대왕이 이곳에 머물며 60일간 안질(눈병)을 치료하였다고 하며, 동국여지승람[*]에 보면 '매운 맛이 나는 물이 있는데, 이 물에 목욕을 하면 피부병이 낫는다.'는 기록도 있다.

▲세종대왕

공기 중의 이산화탄소는 0.03% 정도로 일정하게 유지되고 있다. 이산화탄소는 식물의 광합성에 이용되기 때문에 없어서는 안 되는 중요한 기체지만, 요즘은 화석 연료의 사용이 늘어나면서 대기 중 이산화탄소의 농도가 점점 짙어지고 있다.

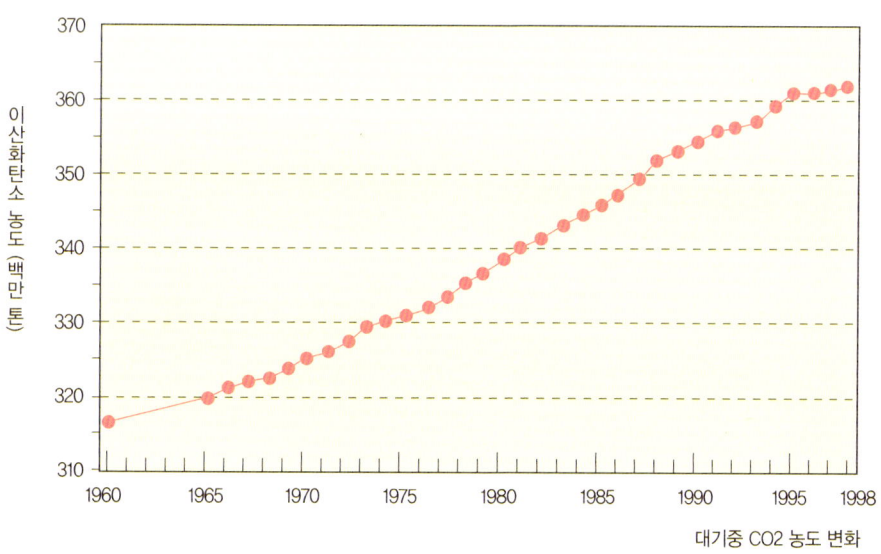

대기중 CO2 농도 변화

세상에서 가장 향기가 진한 꽃 175

대기 중의 이산화탄소는 열을 잡아 두기 때문에 지구를 뜨겁게 하는 온실 효과의 주범이 된다. 그래서 세계 각국에서는 화석 연료의 사용을 줄이고 대기 중 이산화탄소의 농도를 줄이고자 하는 연구가 진행되고 있다.

소의 방귀와 트림 때문에 지구가 뜨거워지고 있다고?

몇 년 전, 뉴질랜드에서는 소를 키우는 목축업자들에게 세금으로 '소 방귀 세'를 걷으려고 했다. 소의 방귀와 트림 속에 들어 있는 메탄가스가 지구 온난화의 주범이 되기 때문에 세금을 걷어야 한다는 것이 정부의 주장이었다.

한편 아르헨티나 지구 환경 조사팀은 소의 위장에 사는 박테리

▲소

아가 음식물을 분해하는 과정에서 만들어 내는 메탄가스의 양을 측정하기도 했다. 소들의 방귀를 일일이 탱크에 수집해 성분을 분석한 결과, 소 1마리가 방귀로 내뿜는 메탄가스의 양은 약 1,000L이며, 방귀에 포함된 탄소 가스는 아르헨티나 인구 30%가 생성하는 양과 같았다. 우리가 필요로 해서 키우고 있는 소들이 결국, 방귀와 트림으로 우리 지구를 뜨겁게 하고 있는 것이다.

수소의 양면성

> **맛보기퀴즈**
>
> 천장에 떠 있는 풍선 속에는 어떤 기체가 들어 있을까?
> ① 산소 ② 이산화탄소 ③ 질소 ④ 헬륨

▲천장에 떠 있는 풍선

'만일 신이 하나의 단어로 세상을 창조했다면 그 단어는 분명 수소였을 것이다.' 미국의 천문학자 섀플리는 이렇게 말했다고 한다.

가장 단순하면서도 만들어지기 쉽기 때문에 우주 구성의 90%를 차지하고 있는 수소! 수소는 공기보다 가벼운 기체라서, 수소를 넣은 풍선은 공중에 뜬다. 이러한 원리를 이용하여 옛날에는 수소를 넣은 비행선을 띄우기도 했다.

▲ 힌덴부르크호 폭발

하지만 수소는 가볍다는 특징뿐 아니라, 폭발하는 성질도 가지고 있다. 1937년 독일의 비행선 힌덴부르크 호가 폭발하여 36명이 사망한 사건이 발생하기도 했다. 힌덴부르크 호는 내부에 사람을 실을 수 있도록 설계된 최초의 비행선이었는데 비행선을 띄우기 위해 사용한 수소가 폭발하고 만 것이다.

과거에는 주로 애드벌룬이나 풍선 속에 수소를 넣었지만 이처럼 폭발사고가 빈번히 발생하자 요즘은 수소 가스 대신 헬륨 가스를 사용한다. 헬륨 가스는 가벼우면서도 폭발의 위험이 없기 때문이다.

한편 수소는 폭탄 제조에도 이용된다. 수소 폭탄은 원자 폭탄보다 더 강한 위력을 갖추고 있다고 한다. 아직 실전에 사용되지는 않았지만 미국과 러시아가 수소 폭탄을 가지고 있는 것으로 알려져 있다.

▲ 차르 봄바 모형

1961년 러시아는 수소 폭탄 '차르 봄바'의 폭발 실험을 했는데, 어마어마하

세상에서 가장 향기가 진한 꽃 177

메가톤
1메가톤은 TNT 100만 톤의 폭발력을 가지고 있다. 단위는 Mt.

게도 100메가톤*의 위력을 발휘했다고 한다. 차르 봄바는 무게만 27톤에 길이가 8m나 되는 거대한 폭탄이었는데, 차르 봄바가 폭발할 때 일어난 불덩이는 1,000km 밖에서도 관측될 정도였다. 이런 엄청난 폭탄이 전쟁 등에 쓰이면 정말 많은 사람들이 죽을 수도 있다.

한편 수소가 산소와 결합하여 연소하게 되면, 에너지와 물이 만들어진다. 연소할 때 이산화탄소와 같은 공해 물질이 생기지 않기 때문에 최근에는 '깨끗한 무공해 에너지'로 각광받고 있다.

또한 수소는 무한정 공급할 수 있다는 장점도 있다. 물을 거꾸로 전기 분해하면 수소가 만들어지기 때문이다.

이러한 장점들 덕분에 수소는 화석 연료를 대신할 대체 에너지로써 연구가 활발히 진행되고 있다. 요즘 연구가 활발하게 진행되고 있는 분야는 '수소 연료 전지 차량'이다. 미국은 2020년까지 차량 생산의 25%를 수소차로 만든다는 계획을 세우고 있다.

최초로 하늘을 날다!

프랑스의 몽골피에 형제는 어느 날, 하늘로 올라가는 화톳불의 뜨거운 연기를 보면서, 이 연기를 큰 주머니에 담으면 사람도 하늘로 올라갈 수 있을 것이라는 생각을 했다.
이 생각을 실전에 옮기기로 결심한 몽골피에 형제는 1782년, 지름이 10m나 되는 큰 종이 주머니를 만들어 내부에 뜨거운 연기를 불어넣었다.

▲하늘에 띄운 열기구

종이 주머니의 내부 온도가 87.5℃까지 올라가자 부력이 발생해서 약 180m 상공까지 떠오르는 쾌거를 달성할 수 있었다.

그리고 결국 이듬해 11월, 사람을 태운 열기구가 하늘을 나는 데 성공했다. 물리학자인 로제와 다란드 두 사람을 태운 대형 열기구가 부로뉴 숲 상공을 25분 정도 떠다닌 것이다.

한편 최초의 가스 기구는 샤를과 로벨 형제가 발명한 수소 기구로, 1783년 샤를이 만든 수소 기구를 게이뤼삭이 타고 비행에 성공했다.

과자 봉지가 빵빵하게 부풀어 있는 이유!

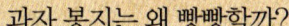과자 봉지는 왜 빵빵할까?

▲ 빵빵하게 부풀어 있는 과자

포장지가 빵빵하게 부풀어 있는 과자를 샀는데 막상 뜯어보니 과자는 얼마 들어 있지 않아서 실망한 적이 한 번쯤은 있을 것이다. 왠지 과자 회사에게 속은 느낌이 들 수도 있겠지만, 과자 회사에서 일부러 속이려고 그렇게 포장하는 것은 아니다. 사실 빵빵하게 부풀어 있는 과자 봉지 안에는 '질소'가 들어 있다.

공기 중에 가장 많은 양을 차지하고 있는 질소는 산소와는 달리 다른 물질들과 잘 반응하지 않는다. 그래서 질소를 넣으면 과자가 공기나 수분과 접촉해서 변하는 것을 막을 수 있고, 과자가 부스러지는 것도 막을 수 있다.

고가의 미술품을 운반할 때도 질소로 충전해서 포장한다. 산소와의 접촉을 피해서 미술품이 변하는 것을 막을 수 있기 때문이다.

한편 미국의 물리학자 '로버트 에틴저'는 《불멸에의 기대》라는 책을 통해 사람을 냉동 보관해서 되살릴 수 있다는 주장을 했다. 질소의 끓는점은 영하 196℃이라서 영하 196℃가 되기 전까지는 기체 상태로 있는데, 이러한 질소의 열을 빼앗아 억지로 액체 상태로 만든 것이 '액체 질소'다. 액체 질소에 물체를 넣으면 순식간에 얼게 되는데, 로버트 에틴저는 액체 질소의 온도가 사람을 냉동 보관 하는 데 적합한 온도라고 제안했다.

극저온 기술

사람들은 영하 196℃까지 내려가는 액체 질소에 만족하지 않고, 부단한 연구를 통해 '액체 헬륨'을 만들었다. 액체 헬륨은 영하 269℃까지 온도가 내려갈 수 있는데, 이러한 액체 헬륨 덕분에 '극저온 기술'의 시대가 열리게 되었다. 모든 것을 꽁꽁 얼려 버리는 극저온 기술은 여러 분야에 사용되고 있는데, 대표적인 것이 '초전도체'다.

초전도체를 처음 발견한 사람은 네덜란드 물리학자 '카멜린 온네스'다. 그는 액체 헬륨을 이용해 실험하던 중 냉각된 물질의 전기 저항이 갑자기 사라지는 현상을 발견하였는데, 이것이 바로 초전도체다. 초전도체는 극저온에서 물질의 저항이 없는 성질을 이용해 MRI, 자기 부상 열차, 전선 등의 여러 가지 분야에 이용되고 있다.

냄새의 정체

냄새는 온도가 높을수록 더 잘 퍼진다. 온도가 높을수록 기체 분자의 움직임이 더 활발해지기 때문이다. 앞에서 나온 타이탄 아룸의 경우에도 악취를 멀리 퍼뜨리기 위해, 꽃의 가운데 기둥에서 사람 체온 정도의 열을 낸다. 이것 또한 냄새가 고온에서 더 잘 퍼지기 때문인 것이다.

사람도 악취를 내뿜는 경우가 있다. 바로 방귀! 방귀는 장 속에 있는 공기가 항문을 빠져나오는 현상이다.

사람들은 하루에 평균 13번 정도의 방귀를 뀐다고 한다. 장 속의 가스는 대부분 질소, 산소, 이산화탄소, 수소, 메탄가스 등으로 이루어져 있는데 이들은 주로 음식물을 삼킬 때 같이 들어온 공기다. 일부는 트림을 통해 몸 밖으로 배출되고 나머지는 음식물과 함께 장으로 내려가 방귀로 배출된다.

그런데, 공기들은 냄새가 없는데 방귀 냄새는 왜 그렇게 지독할까? 그것은 대변에 포함된 인돌, 스카톨 등의 성분에서 악취가 나기 때문이다. 또 미처 흡수되지 못한 음식물이 대장 안의 세균에 의해 부패되면서 냄새가 고약해진다.

특히 고기, 생선 등 단백질을 많이 섭취하면 장 안에서 부패가 활발해져 냄새가 더 지독해진다. 만약 방귀 냄새를 줄이고 싶다면 단백질이나 인스턴트 식품을 줄이고 섬유질이 많이 든 채소를 섭취하는 것이 좋다.

웃음 가스

1772년, 영국의 화학자 프리스틀리에 의해 발견된 '이산화질소'는 색도 냄새도 없는 기체다. 그때 당시 이산화질소를 마신 사람들은 모두 머리가 어지럽다고 하면서 킬킬거리며 웃었는데, 이 때문에 이산화질소를 가리켜 '웃음 가스'라고 불렀다.
1840년대 '호러스 웰스'라는 미국의 치과 의사는 이 가스를 마시면 부딪쳐도 아프지 않다는 점에 착안하여, 이를 뽑기 전 마취제로 사용하기도 하였다.

산소 만들기!

실험해 볼까요!

집에 있는 간단한 재료로 산소를 만들어 보자.

준비물
비닐봉지, 간 감자(오이, 상추), 과산화수소수(소독약)

탐구 순서

① 비닐봉지 안에 과산화수소수와 간 감자를 넣는다.
② 비닐봉지 안의 공기를 다 빼고, 봉지를 묶어 둔다.
③ 1~2시간 정도 기다린다.

실험 결과
간 감자와 과산화수소수를 넣은 비닐봉지를 묶어 1~2시간 정도 놔두면 비닐봉지가 부푸는 것을 발견할 수 있다. 이렇게 비닐봉지가 부푸는 것은 과산화수소와 간 감자가 반응하여 산소가 생겼기 때문이다.

생각 나누기
- 이 실험을 정확하게 하기 위해서 필요한 것은 무엇인지 생각해 보자.
- 모아진 산소를 유리병에 옮긴 후 향불을 넣어 잘 타는지 확인해 보자.

CHAPTER 12
-P.183 PHOTOGRAPH

SADARI SCIENCE
CHAPTER 12 PHOTOGRAPH

Chapter 12

숭례문의 수난

숭례문의 수난

▲숭례문

　국보 1호 숭례문. '예를 높여 소중히 여긴다.'는 뜻을 가진 숭례문은 600여 년의 역사를 지켜 온 대표적인 목조 건축물이다. 숭례문은 조선시대 도성을 둘러싸고 있던 성곽의 정문으로, 남쪽에 있어서 남대문이라고도 불린다.

　숭례문은 그동안 많은 수난을 겪어 왔다. 16세기 임진왜란 때 일본의 장수 가토 기요마사의 군대가 숭례문을 통해 한양으로 들어왔는데, 이것은 한양의 정문을 일본에게 내준 치욕적인 사건이었다. 1907년에는 우리의 주권을 빼앗은 일본이 도로를 낸다는 이유로 숭례문 좌우 성벽을 허물어 버리기도 하였다. 또한 남과 북이 싸운 6.25전쟁 때에도 숭례문이 일부 파손되기도 하였는데, 보수 공사를 하여 지금까지 잘 보존되어 왔다.

그런데 이게 웬일일까! 임진왜란, 6.25전쟁도 꿋꿋이 견뎌 왔던 숭례문이 2008년 2월 방화에 의해 하룻밤 사이 잿더미로 변해 버리고 말았다.

▲불탄 숭례문

국보 1호를 삼켜 버린 불. 소방관들은 불을 끄기 위해 어떤 방법을 썼을까? 그리고 소방관들의 노력에도 불구하고 왜 불은 꺼지지 않았을까?

인류에게 준 선물, 불!

그리스 로마 신화에 나오는 이야기다! 진흙과 물로 인간을 만든 '프로메테우스'라는 신이 있었다. 프로메테우스는 자신이 만든 인간을 아끼고 사랑한 나머지 제우스 신으로부터 불을 훔쳐 인간에게 가져다주었다.

이를 괘씸히 여긴 제우스 신은 프로메테우스를 코카서스 산 위의 바위에 쇠사슬로 묶어 놓고, 날마다 독수리가 간을 쪼아 먹도록 했다. 제우스 신이 이렇게 가혹한 벌을 내린 이유는 불을 가지게 된 인간이 신들에게 도전할까 봐 두려웠기 때문이다. 신화에서도 알 수 있듯이 불은 인류에게 아주 소중하고 귀한 것이다.

학자들의 연구에 의하면 인류는 약 70만 년 전부터 불을 사용해 왔다고 한다. 최초의 불은 벼락이 나무를 치면서 자연적으로 얻어진 것이었지만, 바람이나 비가 불면 불씨를 지켜 내기 어려웠다. 그래서 사람들은 고민 끝에 마른 나무를 마찰시켜 불을 피우는 방법을 찾아냈다. 인간이 다른 동물들에 비해 힘이 약했음에도 불구하고, 자연을 정복하고 살아남을 수 있었던 것은 이처럼 불을 사용할 줄 알았기 때문이다.

그렇다면 불은 어떤 특성을 가지고 있을까? 불은 밝게 빛을 낸다. 전구가 발명되기 전까지 사람들은 양초나 호롱불을 사용해 어둠을 밝혔다. 또, 불은 뜨거운 열을 가지고 있어서 음식을 익혀 먹거나, 금속을 녹일 때도 불을 사용한다. 과학에서는 이와 같이 어떤 물질이 열과 빛을 내며 타는 현상을 '연소'라고 한다.

불을 붙이기 위해서는

맛보기퀴즈

종이컵에 라면을 끓일 수 있다, 없다?
① 있다 ② 없다

▲ 무인도

영화 '캐스트 어웨이'를 보면 영화 속 주인공은 무인도에 표류하게 되자 살아남기 위해 불을 피우려고 노력한다. 손바닥이 다 벗겨질 정도로 마른 나뭇가지 두 개를 마찰시켰는데, 처음엔 쉽게 불이 붙지 않았으나, 결국엔 불을 피우는 데 성공!

주인공은 왜 불을 피우기 위해 나뭇가지를 마찰시켰을까? 일정한 온도 이상이 되면 물체가 저절로 타기 시작하는데, 이때의 온도를 '발화점'이라고 한다. 나무를 서로 문지르면 마찰에 의해서 열이 발생한다. 이때 생기는 마찰열이 나무의 발화점(약 450℃)을 넘으면 불이 붙기 시작한다. 그런데 마찰만으로 450℃를 넘기는 것이 쉬운 일은 아니다.

▲종이 냄비로 끓인 라면

한편 돋보기로 종이를 태울 수도 있다. 돋보기로 태양빛을 모으면 그 지점의 온도가 올라간다. 온도가 올라가 종이의 발화점 이상이 되면 종이는 타게 된다.

위 사진은 종이로 만든 냄비다. 종이는 쉽게 불에 타는 것으로 알고 있는데 종이를 태우지 않고 라면을 끓여 먹을 수 있을까?

그냥 종이 냄비만 불에 올려놓는다면 당연히 불에 타 버린다. 그러나 종이로 만든 냄비에 물이 들어 있으면 타지 않는다. 물이 열을 빼앗아 가서, 발화점 온도에 도달하지 않기 때문이다.

발화점 이상의 온도가 갖추어졌다고 해도 '탈 물질'이 없으면, 불꽃은 금방 꺼지고 만다. 예를 들어 성냥의 앞부분을 마찰시켜 불을 붙였어도, 뒷부분의 나무가 다 타서 없어지면 불은 꺼진다.

또한 연소할 때는 '산소'가 필요하다. 산소가 지속적으로 공급되어야 불이 꺼지지 않고 잘 탄다. 양초에 불을 붙인 후 비커로 덮어 놓으면 조금 타다가 금방 불이 꺼진다. 이것은 비커 속의 산소가 금방 소비되기 때문이다.

어둠을 밝혀주는 양초

맛보기 퀴즈
집에서 양초를 만들어 보려고 한다. 어떤 재료를 사야 할까?
① 식용유 ② 밀랍 ③ 파라핀 ④ 버터

양초는 파라핀, 밀랍* 등과 같이 적당한 온도에서 녹는 고체를 알맞은 모양으로 만들고, 그 중심에 무명 등으로 심지를 넣은 것을 말한다. 양초의 기원은 확실하지 않지만, 옛날부터 밀랍이 사용되었고, 그리스의 유적, 중국의 분묘에서 청동으로 만든 촛대가

▲촛불

발견된 것으로 보아 기원전 3세기에는 이미 사용되고 있었던 것으로 보인다.

유럽에서는 오랫동안 밀랍이나 동물의 기름을 이용한 양초를 사용하고 있었는데, 이는 재료가 한정되어 있어서 만들기가 어려웠다. 1800년대 파라핀으로 만든 양초가 등장하면서 비로소 대량생산이 가능해졌다.

밀랍
밀랍은 벌집의 벽을 만들기 위해 꿀벌이 분비하는 물질이다. 꿀을 완전히 빼내고 난 후 벌집을 녹여서 불순물을 완전히 제거하면 얻을 수 있다.

모세관 현상
액체 속에 폭이 좁고 긴 관을 넣었을 때, 관 내부의 액체 표면이 외부의 표면보다 높거나 낮아지는 현상을 말한다. 천에 물이 저절로 스며드는 것도 천의 섬유가 모세관 구실을 하여 물을 빨아올리기 때문이다. 식물의 뿌리에서 흡수된 수분이나 양분이 식물체 전체에 퍼지는 것도 역시 모세관 현상 때문이다.

양초의 심지에 불을 붙이면 양초가 녹는데, 녹은 양초는 모세관 현상*에 의해 심지를 따라 올라가 심지의 끝부분에서 기화된다. 이 기화된 물질이 빛을 내는 것이다.

촛불은 고체인 양초가 바로 연소되는 것이라고 생각하기 쉽지만 사실 고체 상태의 파라핀이 연소되는 것이 아니라 심지를 따라 올라온 액체 상태의 파라핀이 기체가 되어 연소되는 것이다. 그래서 양초에 불을 끈 후 재

빨리 성냥불을 양초의 심지에서 2~3cm 가까이 가져가면 다시 심지에 불이 붙는 것을 볼 수 있다. 이것은 심지 주위에 있던 파라핀 기체를 통해 불길이 다시 옮겨 붙기 때문이다.

연소하면 무엇이 생길까?

우리는 연소할 때 산소가 필요하다는 사실을 알고 있다. 그렇다면 산소의 존재를 몰랐던 옛날에는 연소에 대해 어떤 생각을 품고 있었을까?

18세기, 사람들은 어떤 물체가 타고 나면 재만 남는 것을 보고 '플로지스톤설'을 만들어 냈다. 타는 물질은 재와 플로지스톤이라는 것으로 이루어져 있는데, 연소를 하면 플로지스톤은 날아가 버리고 재만 남게 된다고 생각했던 것이다.

▲플로지스톤설

그러나 플로지스톤설로는 금속이 연소할 때 질량이 증가하는 이유를 설명할 수 없었다. 플로지스톤설에 의하면 철 솜을 태우면 플로지스톤이 날아가기 때문에 무게가 가벼워져야 되는데 오히려 무게가 늘어났기 때문이다.

그러던 중 1783년 라부아지에는 플로지스톤설이 잘못되었다는 사실을 밝혀냈다. 라부아지에는 철 솜이 연소한 후 무거워지는 이유가 산소 때문이라고 주장했다. 연소할 때 산소가 붙어서 무거워진다는 것이다. 대부분의 화학자들은 플로지스톤 이론을 지키려고 노력했지만, 1800년에는 거의 모든 화학자가 라부아지에의 산소 이론이 옳다는 것을 인정했다.

그렇다면 양초가 연소하고 나면 무엇이 생길까?

① 양초 위에 집기병을 대고 연소 물을 모은다.
② 집기병 속에 염화코발트 종이를 넣어 본다.
③ 석회수를 집기병 속에 넣어 본다.
④ 석회수가 뿌옇게 흐려진다.

위의 사진과 같이 양초 위에 집기병을 씌워서 연소될 때 생성되는 물질이 무엇인지 확인해 보자.

염화코발트 종이를 집기병 속에 넣어 보면 붉은 색으로 변하는 것을 확인할 수 있다. 염화코발트는 물에 잘 녹는 푸른색 물질로, 물에 닿으면 붉은 색을 띠게 되는데, 이러한 염화코발트를 녹여 종이에 묻혀 건조시킨 것이 염화코발트 종이다. 염화코발트 종이가 붉게 변한 것으로 보아 연소될 때 물(수증기)이 생긴다는 것을 알 수 있다. 또한 석회수를 집기병에 넣어 보면 뿌옇게 흐려지는 것을 확인할 수 있다. 석회수는 이산화탄소를 만나면 뿌옇게 흐려지는 성질을 가지고 있다. 이 실험을 통해 우리는 양초가 연소하면, 이산화탄소가 발생한다는 것을 알 수 있다.

파라핀(탄화수소) + 산소 = 물 + 이산화탄소

청정에너지, 메탄 하이드레이트

'메탄 하이드레이트'는 메탄이 물분자 속에 갇혀서 만들어진다. 드라이아이스와 비슷한 얼음 형태지만 불꽃을 갖다 대면 활활 타올라 '불타는 얼음'으로 불리기도 한다.

메탄 하이드레이트는 수소, 산소, 탄소로만 이뤄졌기 때문에 태우면 물과 이산화탄소만 발생한다. 이때 발생하는 이산화탄소의 양은 휘발유에 비해 30%나 적어 청정에너지라 부를 만하다. 게다가 매장량도 풍부해 화석 연료를 대체할 에너지원이 될 가능성이 높다.

▲메탄 하이드레이트

메탄 하이드레이트는 독도 주변에 풍부하게 매장되어 있다고 알려졌는데, 일본이 독도를 자기네 섬이라고 우기는 이유 중의 하나가 바로 이 메탄 하이드레이트에 있다.

성냥의 발명!

> **맛보기 퀴즈**
> 무덤가에 밤이 되면 나타나는 도깨비불의 정체는 무엇일까?
> ① 탄소 ② 칼슘 ③ 인 ④ 수소

독일의 연금술사 '헤니히 브란트'는 금을 만들기 위해 여러 가지 혼합물을 끓이며 실험을 하였다. 그러던 중 1669년 솥에다 오줌까지 넣어서 끓이게 되었다. 그러자 오줌의 혼합물이 졸아서 반죽처럼 되었는데, 이 물질이 어둠 속에서 빛을 낸다는 사실을 발견했다. 이것이 바로 인류 최초로 얻어낸 '인'이라는 성분이다.

인이 내는 빛을 '인광'이라고 부른다. 이것은 인이 빛 에너지를 받았다가 다시 내놓는 것인데, 빛이 사라진 후 잠깐 동안만 빛을 내는 형광 물질과는 달리 인은 오랫동안 빛을 낼 수 있다.

늦은 밤 묘지에 가면 푸르스름한 불빛들이 휙휙 날아다니는 것을 볼 수 있다. 옛날 사람들은 이것을 도깨비불이라고 부르며 무서워하곤 했다. 그런데 사실 이 도깨비불의 정체는 바로 인이다! 사람 뼈에는 인이 많이 포함되어 있어서 묘지에 떠다니는 인이 빛을 낸 것이다.

이러한 인은 성냥에 흔히 쓰인다. 그럼 사람들이 불을 쉽게 다룰 수 있도록 큰 역할을 한 성냥에 대해 한번 알아보자!

1826년 '존 워커'는 염소산칼륨과 황화안티몬을 같은 비율로 섞어 그 혼합물을 아라비아고무*로 반죽한 다음, 75mm 길이의 나뭇개비 끝에 붙인 마찰 성냥을 발명해 냈다. 그러나 이 성냥은 불꽃이 쉽게 튀어 화재의 위험성이 있었고 냄새도 고약했다고 한다.

1830년 프랑스의 '샤를 소리아'는 브란트가 발견한 하얀 인을 성냥 머리에 붙여서 불이 잘 붙고, 불꽃도 튀기지 않고, 냄새도 나지 않는 성냥을 만들어 냈다. 그러나 하얀 인을 이용한 성냥은 인체에 해로운 독성을 가지고 있었다.

1847년 오스트리아의 '안톤 폰 슈로터'는 하얀 인을 250℃로 가열하여 독성이 없는 붉은색 인을 얻어 냈다. 드디어 지금 주로 쓰는 성냥이 탄생한 것이다.

아라비아고무
아라비아고무나무나 아카시아속 식물의 가지에서 뽑은 진. 또는 그 진을 말린 것. 반투명하고 누런 빛이며, 물에 잘 녹는다. 약품이나 고무풀을 만드는 데 쓴다.

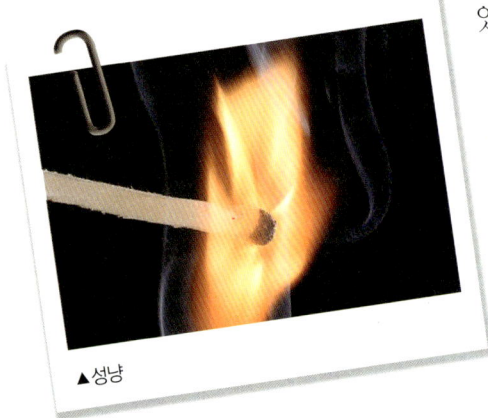
▲성냥

성냥이 없던 시절

성냥이 들어오기 전 우리나라는 부싯돌을 사용하였다. 부싯돌은 석영의 일종으로 차돌, 화석이라고도 한다. 아주 단단하고 백색, 회색, 갈색, 흑색 등 여러 가지 빛깔이 있으며, 반투명하거나 불투명하기도 하다.

▲부싯돌

이러한 부싯돌에 쑥이나 자작나무 껍질, 마른 풀, 솔잎 등을 잘 말려 올려놓고, 다른 부싯돌이나 쇠붙이를 부딪치면 마찰에 의해 일어난 불꽃이 풀 등에 옮겨 붙는다. 부싯돌 대신 성냥을 사용하게 된 것은 1880년 이동인이 일본에 수신사로 간 김홍집과 함께 귀국하면서 성냥을 갖고 오고 난 다음부터다. 1910년 일본인들이 우리나라에 성냥 공장을 지으면서 성냥은 대중화되기 시작했다.

연소의 조건과 소화의 조건

> **맛보기 퀴즈**
>
> 불이 났을 때는 초기 소화가 중요하다. 다음 중 불이 났을 때 잘못 행동한 사람은 누구일까?
> ① 재석이는 콘센트에서 불이 나자 차단기를 재빨리 내렸다.
> ② 홍철이는 석유난로에서 불이 나자 물을 부었다.
> ③ 명수는 신문에 불이 옮겨 붙자 담요에 물을 적셔 덮었다.

앞에서 배웠듯이 연소의 조건으로 필요한 것은 발화점 이상의 온도, 탈 물질, 산소 3가지다. 이 3가지를 연소의 3요소라고 부른다. 이들 중 한 가지라도 없어지면 연소가 지속되지 못한다. 그래서 불을 끄기 위해서는 3가지 요소 중 하나만 제거하면 된다.

소화 방법 하나, 산소를 제거하라!

작은 불이 일어났을 때, 주변의 담요나 카펫으로 덮어 주면 불이 금방 꺼진다. 이것은 산소를 차단해서 더 이상 연소가 일어날 수 없도록 하기 위한 것이다. 모래나 흙을 뿌려 주는 것도 마찬가지 원리! 그러나 이러한 방법은 불길이 많이 번지지 않았을 때 사용할 수 있는 방법이다.

우리가 흔히 볼 수 있는 분말 소화기도 산소를 차단시켜 불을 끄는 원리를 이용한다. 분말 소화기에는 탄산수소나트륨이나 인산암모늄 분말이 들어 있다. 소화기의 내용물이 불에 닿으면 이 분말이 분해되면서 이산화탄소가 발생하게 된다. 이때 발생한 이산화탄소는 타는 물질이 산소와 접촉하지 못하도록 하여 불을 끄는 역할을 한다.

▲소화기

소화 방법 둘, 온도를 낮추어라!

불이 났을 때 물을 뿌리는 것은 온도를 발화점 이하로 낮추기 위해서다. 그러나 전기로 인한 화재나 기름으로 인한 화재에는 물을 사용해서는 안 된다. 전기로 인한 화재의 경우 합선이나 누전이 될 수 있어 위험하기 때문이다. 기름으로 인한 화재의 경우, 물의 밀도가 기름보다 더 크기 때문에 기름이 물 위로 떠 버려 오히려 불이 더 번질 수가 있다.

소화 방법 셋. 탈 물질을 제거하라!

우리가 가스레인지 불을 끌 때 밸브를 잠그는 것은 탈 물질을 제거하는 것에 해당한다. 밸브를 잠가 가스가 공급되지 않으면 더 이상 불이 생기지 않는다.

특히 산불이 크게 나서 물을 뿌리거나 하는 방법이 어려울 때는 맞불을 놓는다. 맞불을 놓아 탈 물질을 제거하여 불이 번지지 않도록 하는 것이다.

사다리 소방관의 숭례문 진화 일지

"삐~잉, 삐~잉" 저녁을 먹고 서류를 정리하고 있던 중 출동 사이렌이 울렸다. 나와 동료들은 재빨리 차에 올라탔다. 무전으로 연락이 왔는데 국보 1호 숭례문에 화재가 났다고 한다.

'남대문이? 이런! 큰 화재가 아니어야 할 텐데!' 하고 걱정하며 현장에 도착하니 불길이 조금 보이고 연기가 나고 있었다. 우리는 건물을 최대한 보호하기 위해 지붕 위로 물을 뿌리기 시작했다. 불길이 조금 잡힌 것일까? 이제 연기만 보인다.

이런! 불길이 잡힌 것이 아니었다. 지붕에 가려 안 보였던 것이다. 23시 20분. 물 대신 거품식 소화제인 '산소 질식제'를 투입했다. 그런데 지붕 위에 뿌려 봤자 소용이 없다. 이제 남은 방법은 지붕 해체를 하고 직접 진화에 나서는 수밖에 없다. 23시 50분. 기와를 해체하려고 해도 지붕에 부은 물이 얼어 있고, 지붕도 너무 미끄러워서 접근하기가 힘들다. 결국 숭례문은 우리의 노력에도 불구하고 그 찬란했던 과거를 뒤로 한 채 누각과 함께 쓰러져 버리고 말았다.

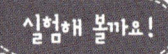 ## 간이소화기를 만들자!

집에 있는 간단한 재료로 소화기를 만들어 보자.

 준비물
페트병, 탄산수소나트륨(소다), 식초, 빨대, 고무찰흙, 화선지, 실

 탐구 순서

① 작은 페트병 속에 식초를 넣는다.
② 화선지 속에 탄산수소나트륨을 한 숟가락 정도 싸서 실로 묶는다.
③ 탄산수소나트륨이 든 화선지를 병 속에 넣고 매단다.
④ 빨대를 비스듬히 꽂아서 고무찰흙을 이용하여 병 주둥이를 막고 병을 기울여 탄산수소나트륨과 식초가 반응하도록 한다.
⑤ 병을 촛불 가까이 가져간다.

실험 결과

병을 기울여 촛불 가까이 가져가면 불꽃이 꺼지는 것을 볼 수 있다.

탄산수소나트륨과 식초가 반응하면 이산화탄소가 발생하는데 이산화탄소는 타는 물질이 산소와 접촉하지 못하게 하므로 불이 꺼지는 것이다.

생각 나누기

· 탄산수소나트륨과 식초가 반응해서 나오는 기체는 무엇일까?
· 위에서 만든 소화기는 어떤 원리를 이용해 불을 끄는 것일까?

사진출처

Svalbard Global Seed Vault-Mari Tefre 12쪽/Kurt Stueber 14쪽/Rasbak 16쪽/위키피디아 16쪽, 17쪽, 32쪽, 45쪽, 58쪽, 80쪽, 85쪽, 89쪽, 90쪽, 92쪽, 105쪽, 126쪽, 127쪽, 128쪽, 138쪽, 142쪽, 145쪽, 171쪽, 174쪽, 176쪽, 177쪽, 178쪽, 185쪽, 193쪽/Kumar83 17쪽/Dalgial 17쪽, 89쪽/Kropsoq 17쪽/KENPEI 19쪽/UpstateNYer 20쪽/J.M.Garg 21쪽/sarefo 28쪽/Peter G. Werner 30쪽/hwayoungjung 31쪽/Masur 31쪽/Roantrum 35쪽/Erik Guinther 36쪽/Sjhill 40쪽/Pharaoh Hound, Fir0002 43쪽/J.M.Garg 44쪽/Moondigger 44쪽/Ales. kocourek 45쪽/Bernard Gagnon 45쪽/Adrian Pingstone 45쪽/Dennis Ray 47쪽/Bartosz Kosiorek Gang65 47쪽/Alvesgaspar 48쪽/Eric Pouhier 52쪽/Urban 53쪽/JHeuser 57쪽/Ericd 70쪽/Marco Schmidt 72쪽/Gregorik 72쪽/B. navez-kerguelen-1983 72쪽/Stefan Lins 76쪽/Shahee llyas 76쪽/Gleam 76쪽/경주박물관 84쪽/Qwertzy2 85쪽/Michael Linnenbach 85쪽/Fanghong 88쪽/Christian R. Linder 89쪽/Korall 89쪽/Benjamint444 89쪽/Roantrum 89쪽/macrophile 90쪽/Zorankovacevic 92쪽/Laitche 94쪽/Ranveig 102쪽/Hustvedt 111쪽/Helen Warren 113쪽/Dave Bunnell 121쪽/Lestat 125쪽/Noodle snacks 126쪽, 127쪽/Hannes Grobe 126쪽/Mario Sarto 127쪽/Humanfeather 128쪽/Tmbjw45 128쪽/tanakawho 128쪽/The Chosun Blimbo 142쪽/J.A. Knudsen 142쪽/John Severns 146쪽/Nagyman 147쪽/Mila Zinkova 148쪽/렘브란트 154쪽/장 제롬 155쪽/Dawidi, Johannesburg 156쪽/Michael Gasperl 156쪽/Phanton 158쪽/김홍도 159쪽/대방광불화엄경 160쪽/Mani Nair 161쪽/laminfo 162쪽/GhePeU 162쪽/masa 163쪽/ma_suska 168쪽/JoJan 168쪽/Fir0002 171쪽/Phil P Harris 172쪽/Camille Harang 175쪽/Earle Martinv 177쪽/sean 184쪽/Dr. James P. McVey 186쪽/Matthew Bowden 188쪽/Wusel007 191쪽/Sebastian Ritter 192쪽/Kocio 194쪽

한언의 사명선언문
Since 3rd day of January, 1998

Our Mission — 우리는 새로운 지식을 창출, 전파하여 전 인류가 이를 공유케 함으로써 인류문화의발전과 행복에 이바지한다.

— 우리는 끊임없이 학습하는 조직으로서 자신과 조직의 발전을 위해 쉼없이 노력하며, 궁극적으로는 세계적 콘텐츠 그룹을 지향한다.

— 우리는 정신적·물질적으로 최고 수준의 복지를 실현하기 위해 노력하며, 명실공히 초일류 사원들의 집합체로서 부끄럼없이 행동한다.

Our Vision   한언은 콘텐츠 기업의 선도적 성공모델이 된다.

저희 한언인들은 위와 같은 사명을 항상 가슴 속에 간직하고
좋은 책을 만들기 위해 최선을 다하고 있습니다.
독자 여러분의 아낌없는 충고와 격려를 부탁드립니다.
· 한언 가족 ·

HanEon´s Mission statement

Our Mission — • We create and broadcast new knowledge for the advancement and happiness of the whole human race.

— • We do our best to improve ourselves and the organization, with the ultimate goal of striving to be the best content group in the world.

— • We try to realize the highest quality of welfare system in both mental and physical ways and we behave in a manner that reflects our mission as proud members of HanEon Community.

Our Vision   HanEon will be the leading Success Model of the content group.